잘 먹고,
잘 자고,
잘 놀면 돼!

우리 아이에게
100년 사는 몸을 물려주는
건강한 가족 습관

잘 먹고,
잘 자고,
잘 놀면 돼!

박종훈 지음

pazit

머리말

포렌거의 고양이 실험, 우리 아이들은 몇 세대에 와 있을까요?

현대사회 거대한 문명의 파도 안에서 우리 아이들의 건강이 무너지고 있습니다.

과연 우리 아이들은 이대로 괜찮을까요?

'포렌거의 고양이 실험'이라는 유명한 연구가 있습니다. 영양소가 풍부한 고기를 먹인 고양이 그룹과 영양소가 파괴된 가공육을 먹인 고양이를 사육하여 그 그룹별로 교배를 하고 5세대까지 키워 보았더니, 잘못된 먹거리로 인해 세대를 거치면서 몸이 망가져 가는 것이 증명되었습니다. 1세대에는 나쁜 먹거리를 먹어도 몸에 이상이 보이지 않았지만 2세대부터 몸의 이곳저곳에서 질병이 발생하기 시작합니다. 마치 현재 우리 부모세대에 아토피가 많지 않았지만 그다음 세대인 우리 아이들에게서 아토피 환자가 넘치는 것과 마찬가지인 것 같습니다.

가공식품 및 패스트푸드의 과도한 섭취로 우리 아이들의 몸이 망가져 가고 있습니다. 포렌거의 고양이 실험에서 4, 5세대까지 가면 불임이 늘어나며 더 이상 세대를 이어가지 못하게 됩니다. 포렌거의 고양이 실험으로 치면, 지금 우리 아이들이 몇 세대를 지나고 있는 것일까요? 지금부터 이 책에서 함께 나누려 합니다.

요즘 노부모가 병든 자식을 키워야 하고 심하게는 자식을 먼저 떠나보내야 하는 일들이 많이 일어나고 있습니다. 또한 우리 아이들에게 스마트폰, TV 및 Youtube와 같은 영상 매체의 과다 사용으로 신체활동이 너무나 줄어들고 있습니다. 그리고 설탕과 식품첨가물 범벅인 가공식품과 패스트푸드의 과다섭취로 우리 아이들의 몸이 망가져 가고 있습니다. 운동 부족 및 잘못된 영양 섭취는 스트레스에 취약한 몸을 만들고 설상가상 수면의 양과 질도 떨어지게 됩니다. 수면장애를 겪는 아이들도 급속도로 늘고 있습니다. 우리나라 인구 5천 1백만 명 가운데 당뇨병과 당뇨병 전단계를 포함한 질병이 2천만 명을 돌파하였습니다. 이러한 사회에서 우리 아이들이 살아가고 있습니다. 이제는 많은 사람들이 질병을 몸에 지고 인생을 살아가야 하는 '질병 신인류'가 되었습니다.

'양육'의 여러 부분 중, 아이들이 이 사회에서 문제없이 잘 적응하며 살아가기 위해 해야 할 것과 하지 말아야 할 것을 가르쳐 주는 것을 '훈육'이라고 합니다. 그중에서 평생건강을 위해 정말로 해야 할 것과 하지 말아야 할 것이 무엇인지 가르쳐 주는 '건강 훈육'은 우리 아이들의 양육에 있어서 가장 중요한 문제라고 생각합니다. 이는 건강하게 성장하여 강인한 마음과 체력을 가지고 이 거친 세상을 당당히 헤쳐 나가기 위한 평생건강 토양을 마련해 주는 것이며, 부모로서 해야 할 어느 무엇보다 중요한 부분이라 확신합니다.

이 책에서 중점을 두고 전하고 싶은 메시지는 **현대문명의 거대해진 경제와 문화 산업 안에서, 즉 대량 보급되는 가공식품의 유혹과 지나친 경쟁 환경, 스마트폰과 같은 미디어 매체에 매여서 우리 아이들의 몸과 마음이 부서지고 있다**는 것입니다. 그래서 그 거대한 파도를 넘기 위한 운동, 영양 및 수면의 6가지 건강 습관을 소개하고

자 합니다. 포렌거 고양이 실험과 같이 부모인 우리 세대부터 이어진 각종 식품첨가물이 가득 들어 있는 음식들, 설탕의 과다 섭취, 온라인 매체 사용에 따른 신체활동 및 수면 부족이 우리 아이들의 몸과 마음을 무너뜨리고 있습니다. 아이들에게 비만 및 대사 질환, 그리고 정신질환의 문제가 요즘 너무나 심각합니다. 이렇게 자라 성인이 되어 자식을 낳으면 얼마나 안 좋아질까 큰 걱정이 앞섭니다.

질병 신인류로 가는 거대한 파도를 막아야 합니다. 우리 아이들이 성인이 되면 유감없이 실력을 발휘하고 꽃을 피워야 하는데 건강을 잃고 쓰러져 버리고 마는 안타까운 일들이 늘어가고 있습니다. 입시 공부를 위한 지식이 머리에 가득히 쌓여 가지만 몸과 마음은 유리 몸, 유리 멘탈이 되어 무너지고 있는 것입니다.

우리가 사랑하는 아이들을 위해 끝까지 책임져야 할 것은 무엇일까요?

물론 어느 부모나 공부를 잘 시켜 좋은 대학을 보내고 좋은 직장을 잡기 원하며 남은 인생을 평안히 살아가기를 바랄 것입니다. 요즘 부모들은 선행학습을 선호하여 아이들을 많이 공부시킵니다. 이것은 분명 어떻게든 자식들에게 좋은 기회를 주고 싶은 부모님의 사랑입니다. 그러나 한편으로는 우리 자식이 이 사회에서 도태되고 쳐지지 않을까 하는 '두려움'일 수도 있습니다. 내 자식의 공부 잘함과 못함이 부모에게 투영되어 부모의 자존감을 올리고 내리고 하기에 더욱더 자식에게 채찍질하는 내면의 '두려움'으로 우리 아이들의 건강을 심각하게 망가뜨리고 있을지도 모릅니다.

이 책에서 나오는 내용이 우리 부모님들의 어깨에 또 하나의 짐을 지워 드리는 것이 되지 않을까 고민이 됩니다. 그럼에도 성장기에 건강을 지키고 평생건강 습관을 들여야 하는 부분 중 가장 중요한 3가지—**신체활동 부족, 가공식품 및 패스트푸드의 과다섭취 및 수면부족 문제**—를 중심으로 이야기하고자 합니다. 필자가 확신하건대 우리 부모님들께서 이 책의 내용을 따라 가족의 생활 습관을 조금씩 바꿔 간다면 부모님의 건강이 우선 회복되며, 우리 아이들이 그것을 바라보며 자라면 앞에서 제시한 문제들은 자연히 해결될 것입니다. 아이들에 대한 관심 덕분에 부모님의 건강이 더욱 좋아지게 되는 계기가 되길 바랍니다. 나중에 자식의 병든 모습을 보며 더욱더 큰마음의 짐, 물질과 시간의 짐을 얻지 않도록 아이들의 성장기에 가장 중요한 '평생건강 습관'

을 꼭 만들어 주길 바랍니다.

돌아가신 아버지는 거의 30년을 간경화로 고생하셨습니다. 이는 건강 관련으로 연구하는 교수라는 직업을 갖게 된 결정적 계기가 되었습니다. '우리 아버지도 몸을 돌보는 법을 알았더라면 그렇게까지 고생하시며 사시지는 않았을 텐데…'라는 생각을 너무나 많이 해왔습니다. 하지만 성인을 대상으로 건강 습관 관련된 책을 쓰려고 마음만 먹었지 한 발을 못 딛고 있었습니다. 그러던 중 유명한 강연자이자 저자이신 세 분, 한 분의 교수님과의 만남을 통해 저의 책 주제가 지금 이 시대에 부모 양육서로서 너무나 필요하다는 얘기를 나누게 되었습니다.

'맞다… 어렸을 때부터 건강 습관, 건강 토양을 잘 가꿔야 지금 이 시대 성인들에게 폭발적으로 증가하고 있는 대사질환 및 암을 더 예방할 수 있겠구나…'라는 생각을 하며 책을 쓰고자 하는 열망이 마음속에 올라오는 것을 느꼈습니다.

이 지면을 빌어서 네 분 선생님들에게 깊은 감사를 드립니다. 이 책이 부디 우리나라 부모님들의 건강 회복뿐 아니라 다음 세대 아이들의 전인적 성장에 도움이 되기를 소원해 봅니다. 글을 쓰는 동안에 책 내용에 대해 상의해 주고 응원을 아끼지 않은 아내에게 깊은 감사, 존경과 사랑을 보내며, 책 쓸 마음을 부어주시고 늘 은혜 주시는 하나님에게 모든 영광과 감사를 올려 드립니다.

2023년 10월

박종훈

차례

1부

부모 나이 45세, 아이들에게도 가장 중요한 시기

1

내 나이 45세, 잘못된 생활 습관이 내 몸을 덮치다

우리나라 대사 질환이 늘고 있다

연로하신 어르신들의 대부분은 어릴 때 먹을 것이 많지 않아 늘 배가 고픈 나날을 보냈고, 반찬은 고사하고 중요한 날에 쌀밥 한 공기라도 먹으면 그날은 정말 행복한 날이었다고 합니다. 지금 이 아이들에게는 참 믿기지 않는 일이겠죠. 이 시절에는 동네에 구멍가게도 제대로 없었을 뿐 아니라 자기 용돈으로 과자나 아이스크림과 같은 가공식품을 사 먹는 것은 거의 상상도 못 하던 시절이었다고 합니다. 이분들은 먹을 것이 풍족하지는 않았지만 시간만 나면 낮이나 밤이나 더운 여름이든 추운 겨울이든 산과 들로 정신없이(?) 뛰어놀던 어린 시절을 보내셨습니다. 대부분의 집에 TV가 없던 시절이라 저녁이 되면 집 안의 소일거리를 도와주거나 그렇지 않으면 아랫목에서 빈둥빈둥 편한 시간을 보내다 일찍 잠들었습니다. 잘 못 먹던 시절임에도 당시 어린 아이들이 성인이 되었을 때, 즉 1970년대 우리나라의 당뇨 유병률은 약 2% 불과했습니다(조남한, 대한내과학회지, 2005).

그러나 지금 우리나라는 어떠합니까?

2022년 기준, 당뇨병으로 진단받은 환자가 6백만 명, 당뇨병 전단계 인구가 1천 6백만 명으로 발표되었습니다. 이뿐만이 아닙니다. 2021년 국내 20세 이상 인구의 고혈압 유병환자는 1374만 명이라고 합니다. 앞으로 이러한 질환들은 더욱더 급격히 증가할 것이라는 암울한 전망이 쏟아져 나오고 있습니다.

'하… 도대체 우리나라에 무슨 일이 일어나고 있는 것인가,
우리 아이들은 커서 도대체 어떻게 될 것인가….'

질환 관련 통계 데이터를 볼 때마다 너무나도 한숨이 나옵니다. 우리나라 인구가 10억 즈음 되는 것도 아니고 어떻게 이렇게 대사 질환이 증가한 것일까요?

우리나라에 도대체 어떠한 일이 일어나고 있는 것일까요?

과자와 콜라, 환타가 아버지의 사랑 표현이었던 어린 시절

어린 시절 부모님은 맞벌이를 하셨습니다. 아버지 사업장에 어머니도 늘 함께 나가 계셨고, 매일 저녁 10시에 들어오셔서 저녁 식사를 하시고 주무시기 바쁘셨습니다. 일요일이나 공휴일에도 항상 밖에서 일을 하셨기에 어린 시절 아버지와 놀아 본 기억이 거의 없는 것 같습니다.

초등학교 4학년 즈음인 것으로 기억됩니다. 5월 5일 어린이날에도 부모님은 여지없이 일하러 나가셨고 저는 오후에 자전거를 끌고 사업장까지 가서 계속 짜증 부리고 투덜거렸습니다. 아버지는 불같이 화내며 회초리로 한껏 혼내셨고, 그런 제가 안쓰러웠는지 마트에서 과자를 산더미같이 사주셨습니다. 과자를 자전거 뒤에 묶어 싣고 터덜터덜 집에 돌아오던 서초동 길이 아직도 무언가 모르는 외로움과 함께 기억 속에 선명히 남아 있습니다. 못 놀아 주는 것이 미안하셨는지 우리가 좋아하던 콜라와 환타를 짝으로 사주시던 날도 많았고, 그 맛있는 컵라면은 떨어지지 않게 박스로 사다 놓으셨습니다.

지금 생각해 보면 그것이 아버지의 사랑 표현이었던 것 같습니다. 그 덕분에 누구의 제재 없이 가공식품을 얼마나 많이 먹었는지 모릅니다. 그것도 모자라 방과 후 자주 들리던 곳은 학교 앞 문방구였습니다. 석탄 난로 위에서 쫄쫄이와 쫀드기 등을 구워 먹고 아폴로를 하나씩 꺼내 먹으며 집으로 돌아오곤 했습니다. 불량식품은 도대체 왜 그렇게 맛있는지요. 문방구를 나와서 30m 앞 건널목 앞에 가면 작은 포장마차에서 떡볶이를 팔았습니다. 학교에서 급식으로 받은 200mL 우유를 고이 간직했다가 아주머니에게 내밀면 떡볶이 한 접시를 주셨습니다. 거의 매일 불량식품의 황금 코스를 밟았던 기억이 아직도 선합니다.

초등학생 5학년 즈음부터 아버지가 간경화로 편찮으셨기에 저는 자연스럽게 '건강'에 대한 관심이 커지게 되었습니다. 결국 20대 후반에 하던 전공을 바꾸어 건강 관련 연구를 하러 일본으로 유학을 떠나게 되었습니다. 유학 생활을 하며 나름 야채와 과일을 챙겨 먹으려 노력했고, 스포츠과학 관련 연구를 하고 있었기에 운동도 꾸준히 열심히 했습니다.

그러나 그와 동시에 탄산음료와 과자 및 라면과 같은 가공식품에 대한 피해는 거의 모르며 편히 먹었던 시절이었습니다. 젊었을 때는 그렇게 먹어도 몸이 나빠진다는 자각증상은 없었기에 한국에 교수로 임용이 되어 돌아와서도 피곤하고 지치면 학교에 있는 자판기에서 콜라를 습관적으로 뽑아 먹고 설탕이 많이 든 빵이며 쿠키와 같은 가공식품도 거리낌 없이 자주 먹었습니다. 콜라 캔 하나 뽑아 반 정도를 쉼 없이 들이킬 때의 탄산의 톡 쏘는 칼칼함과 그 맛있는 달달함으로 잠시의 피곤을 달래는 날이 많았습니다. 집에 돌아가는 길에는 편의점에 들려 초콜릿을 사 먹는 습관도 있어서 하루의 수고로움에 대한 나의 보상인 양 다양한 초콜릿을 섭렵했습니다.

반대로 내 아내는 아이들에게 나쁜 것을 먹이지 않으려는 편이었습니다. 장모님께서 어렸을 때 건강한 음식과 간식으로만 키워 주셔서 그런지 과일을 좋아하며 탄산음료 같은 것은 거의 마시지 않았습니다. 저는 아이들을 24시간 무인 판매점으로 데려가 아이스크림을 사주고는 아이들에게 찬양받기를 즐거워하는 그런 아빠였습니다(적어도 지금 시점에는 과거형이라 다행입니다). 아이스크림을 사주고는, "아빠 최고라고 외쳐~!!" 그러면 아이들은 신나서 "아빠 최고! 아빠 최고!"를 목청껏 높입니다.

엄마가 사주지 않는 불량식품을 맘껏 사주면 마음이 태평양같이 넓은 아빠가 된 것 같아 내심 기뻐하며 아이들을 데리고 의기양양하게 집으로 오곤 했습니다.

'아빤 원래 이래야 되는 거지… 음하하….'

역할이 가장 많은 나이, 건선이 내 몸을 덮치다

이런 저에게 40대 중반 '건선'이라는 무서운 피부병이 찾아왔고, 이 병은 '건강'에 대해 새롭게 눈을 뜨게 한 결정적인 터닝포인트가 되었습니다. 저희 집은 둘째 딸아이의 아토피가 너무 심해 다년간 고생을 했고 아내도 건강을 많이 잃고 있었기에, 결국 딸아이 덕분에(?) 서울 근교의 시골로 이사를 하게 되었습니다.

그런데 아내가 조금씩 건강을 찾아가던 차에 덜컥 셋째 아이를 갖게 되어 출산을 하게 되었고, 아내가 대안학교 선생님으로 근무를 했기에 세 아이를 키우느라 부부 서로가 눈코 뜰 새 없는 나날을 보내고 있었습니다.

게다가 제가 근무하던 학교에서도 맡은 일이 많아지며 운동을 거의 안 하게 되었고, 피곤하면 할수록 설탕이 든 가공식품 섭취가 늘어나고, 시간이 부족하다 보니 건강에 대한 생각보다는 식사 대용으로 햄버거나 컵라면을 주로 먹게 되었습니다. 어린 시절의 가공식품 먹는 습관이 어른이 되어 제대로 발현되는 것이었지요. 집안일과 학교 일이 겹치며, 업무에 대한 책임감으로 아이들을 재워 놓고 밤 11시 이후부터 일하는 패턴이 계속 반복되었습니다. 결국 발바닥 아래가 습진과 같은 진물이 나기 시작하였고 점점 등 뒤에도 살갗이 벗겨지며 진물이 나는 부분이 늘어났습니다. 병원에 가서 스테로이드 처방을 받아 자기 전에 바르면 아침에는 가라앉고 저녁에는 또 간지러워 바르고 자는 것을 거의 2년 동안은 한 것 같습니다. 스테로이드 연고의 무서움도 모른 채 그저 약으로 증상만 완화시키며 저에게 주어진 모든 일을 다 해내려고 몸을 부서뜨리며 나아가고 있었습니다.

'아… 이런 내가 건강교육론을 가르치고 밖에서 건강 관련으로 강연을 하다니….'

옷으로 건강을 감추며 지내는, 정말 겉과 속이 다른 이중적 인생을 산 세월이었습니다.

그러던 어느 날 몸 안 이곳저곳의 진물이 약으로도 걷잡을 수 없을 정도로 순식간에 댐 터지듯 퍼졌습니다. 얼굴부터 온몸이 다 진물이 나며 간지럽고 따가워 학교마저 나가지 못하게 되었습니다. 병원에 가니 '건선'이라는 진단을 받았습니다. 치료가 상당히 어려운 만성 염증성 피부 질환이었습니다. 병원에서는 6개월 이내에 치료될 확률이 5% 정도라고 얘기를 들었습니다. 건선은 참으로 고치기 어려운 고약한 병 중 하나로 잘 알려져 있습니다.

'하… 학교 수업, 평가 등 일이 산더미인데, 애들도 챙겨야 하는데….'

'앞으로 남은 생이 6개월 정도입니다…'라고 선고받지 않은 것만으로도 너무 다행이지만, 그때 당시의 제 몸 상황이 쉽게 고치기 힘든 병이라는 사실에 눈앞이 캄캄해졌습니다. 몸이 너무 간지럽고 따가워 잠을 이루지 못했으며, 건선이라는 만성 염증 질환은 몸 안의 면역기능뿐 아니라 자율신경계 조절에도 문제를 일으켰습니다. 간지럽고 따가운 것도 힘든데 신경계 문제로 수면조절 호르몬에 혼란을 일으켰습니다. 전날 한 시간밖에 못 자 종일 병든 닭처럼 있었는데 밤에는 또 잠이 오지 않는 고통을 겪어야 했습니다. 아내와 아이가 깰까 봐 다른 방에서 혼자 있으면서 온몸 전체의 진물과 참을 수 없는 간지러움, 따가움과 싸우며 잠을 못 자는 날들이 반복되었습니다. 참을 수 없는 고통 속에 밤마다 괴로워하며 이불속에서 혼자 울기도 하는 나날을 보내야 했습니다. 그 당시 퉁퉁 붓고 붉게 물든 얼굴을 보고 3살 정도 된 막내딸이 저에게 귀엽다고 천진난만하게 웃으며 얼굴을 만져 주던 모습이 아직도 눈에 선합니다.

'어떻게 이렇게까지 되었을까…?'

생활 습관을 고쳐 나가자 무서운 병이 사라졌다

근 몇 년간의 생활 습관에 대해 파악하고 다시 하나씩 하나씩 고쳐 나가기 시작했습니다. 낮에는 한 시간 정도 햇볕을 쬐면서 빨리 걷기 운동을 다시 시작했으며, 나쁜 음식을 끊고 좋은 음식을 몸속에 채워가기 시작했습니다. 저녁에는 무리하지 않고 수면의 질을 높이려는 습관을 들이기 시작했습니다. 그러자 건강관리를 시작한 지 6개월 만에 병원에서는 건선이 완치되었고, 지금까지 1000명이 넘는 환자 중에서 이렇게 빨리 좋아진 케이스는 정말 드물다는 얘기까지 들었습니다. 더욱더 감사했던 것은 나의 생활 습관이 바뀌니 우리 아이들이 점점 건강 습관을 가지게 되었다는 점입니다.

이 책에서 얘기하고 싶은 핵심은 **'부모가 건강 습관을 가지게 되면 아이는 자연스럽게 평생건강 습관을 지니게 된다'**는 점입니다. 아이를 가르치고 다그치고 달래도 아이의 건강 습관을 쉽게 바꿀 수 없습니다. 이 책에서는 아이들에게 건강 습관이 어느 정도 중요한 것인지, 또 아이들이 성인이 되어서도 건강한 몸으로 행복하게 잘 지내도록 평생의 건강 습관은 어떻게 키워주어야 하는지를 나누려 합니다. 이 책을 읽으면서 우선 아이들보다도 부모님들이 하나하나 할 수 있는 부분에 대해 생활 습관을 바꾸어 나간다면 아이들은 저절로 건강한 몸으로 바뀌며, 평생건강 습관도 가지게 될 것입니다. 현재 공교육에서 '건강' 관련된 수업을 제대로 받을 수 없기 때문에 우리 아이들의 건강은 가정에서 책임져야 합니다.

부모님의 몸이 건강해야 아이들이 건강하게 클 수 있습니다. 부모님의 체력이 강해야 피로를 이기며 아이들을 제대로 양육해 갈 수 있습니다. 아무리 바쁜 가운데에 있어도 조금씩 조금씩 생활 습관을 바꾸어 나가면 반드시 건강은 회복됩니다. 어떤 의사가 고혈압 환자들에게 이렇게 얘기했다고 합니다.

'고혈압약은 평생 드시며 관리하신다고 생각하시면 돼요.'

아닙니다. 생활 습관을 고치면 자연스럽게 증상은 완화되기 마련이고 전문가와의 상담을 통해 약은 끊을 수 있습니다. 약은 증상 완화만 할 뿐 절대로 몸을 고치지 못합니다. 생활 습관을 바꾸지 않으면 오히려 약봉지가 늘어나며 합병증을 유발하게 될 것입니다. 약으로 증상 완화가 되었다고 생활 습관을 바꾸지 않고 그대로 지내다 보면 다른 병들이 터져 나오기 시작합니다. 잘못된 생활 습관이 있다면 조금씩 바꾸어서 부모님도 건강해지시고 아이들도 건강하게 잘 자라게 되기를 진심으로 바랍니다.

2

결정적인 순간에 힘을 발휘할 인재의 필수 조건

불굴의 의지, 끈기와 인내력은 체력에서 나온다

한참 꽃을 피울 나이인 3, 40대의 젊은 나이에 정신질환, 대사질환 및 암으로 쓰러져 가는 인구가 폭발적으로 증가하고 있습니다. 곧 필자도 지천명의 나이인 50이 되는데 경험과 지식이 쌓여서 그런지 40대 초반에 비하여 더욱더 보이는 부분도 있고 하고 싶은 일도 많이 생깁니다. 그러나 제 나이 또래의 주위 분들과 얘기하다 보면 공통으로 나오는 이야기가 있습니다.

'하고 싶은 것은 많고 눈에는 보이는데 몸이 안 따라줘….'

40대만 되어도 체력이 약해서 만성피로에 시달리는 분들이 너무나 많습니다. 우리 아이들이 앞으로 거친 세상을 살아가며 자기의 꿈을 실현하기 위해서는 어렸을 때부터 강인한 체력의 바탕을 만들어 줘야 합니다. 아무리 지식을 많이 쌓고 공부를 잘한다고 한들, 골골한 몸을 가지고는 어려운 상황이 닥쳤을 때 끈기와 인내력을 발휘하기 어렵습니다. 그저 자기 병치레에 대한 간호와 걱정으로 중요한 시절을 보내야 할지도 모릅니다.

앞으로 급변하는 미래 혁명 시대에 살아남아 자신의 꿈을 넉넉히 펼쳐 나가기 위해서는 자기의 건강 게이지를 최고조로 채워 넣어 힘찬 엔진과 부드러운 가속으로 인생을 살아가야 합니다. 그러기 위해서는 몸과 마음의 건강을 제어할 수 있어야 자기의 목표를 실현해 낼 수 있습니다.

그러나 사회, 경제, 문화의 거대한 소용돌이 안에서 우리 아이들의 신체활동은 너무나 저하되어 저질 체력으로 바뀌어 가고 있습니다. 또한 나쁜 먹거리들을 너무나 많이, 빈번히 먹는 시대가 되었습니다. 그리고 스마트폰 및 게임과 같은 현대문명의 발전과 대학 입학 경쟁의 입시 지옥 안에서 아이들의 수면장애가 급속히 증가하고 있습니다.

자라나는 성장기에 건강 토양을 만들어 주지 않으면 평생건강에 확연한 문제가 생깁니다. 이 장에서는 우리 아이들의 건강 토양을 어떻게 하면 지켜주고 잘 가꿔 줄 수 있을지 얘기하고자 합니다.

대부분 성공한 부자들은 부지런히 움직인다

대기업의 CEO는 아침부터 저녁까지 상상하기 어려울 정도의 빡빡한 일정을 소화한다고 합니다. 낮에 일하는 것도 모자라 저녁 식사 시간도 비즈니스를 위한 시간으로 보냅니다. 이런 일정을 소화할 수 있는 체력은 어디서 나오는 것일까요? 기업의 총책임자로서 가늠할 수 없는 거대한 스트레스를 이길 수 있는 마음의 체력 또한 어디서 나오는 것일까요? 유영만 교수가 쓴 〈부자의 1원칙, 몸에 투자하라〉에 보면 성공한 부자들의 행동 습관에 대해 이렇게 기술하고 있습니다(유영만, 2021, 16~17 p.p.).

> **대부분 성공한 부자들은 부지런히 움직인다. 움직이는 행동반경의 깊이와 넓이만큼 부의 원천을 찾을 수 있다고 생각하기 때문이다.** (중략) 진짜 부자는 건강한 몸과 따뜻한 마음으로 오

> 늘보다 나은 내일을 꿈꾸며 끊임없이 도전하는 사람이다.
> (중략) 부자는 체력이 되고 근력이 있어야 될 수 있는 이유다.

필자는 여기에서 우리 아이들이 부자가 되기 위해 반드시 체력을 키워야 한다는 맥락으로는 이야기하지 않을 것입니다. 부자가 되는 것이 행복을 가져다주는 필수 조건이 아니라는 것은 분명한 사실이기 때문입니다. 그러나 몸과 마음이 튼튼하게 자라난 아이들, 즉 적절한 운동, 양질의 식사 섭취 및 바른 수면의 좋은 생활 습관 안에서 건강하게 잘 자란 아이들은, 성인이 되어 자신의 건강을 잘 관리하며, 자신의 비전과 가치를 실현하기 위해 부단히 애쓰고 끊임없이 도전하는 의지와 끈기, 그리고 추진력을 가질 수 있게 될 것입니다.

잘 나가는 상위 1%의 CEO들의 건강 습관에서 가장 중요한 부분은 운동이다

잘 나가는 상위 1%의 CEO들의 건강 습관에서 가장 중요한 부분은 운동이라고 합니다. 80세임에도 미국의 대통령직을 수행하고 있는 바이든 대통령의 일과도 운동으로 시작한다고 합니다. 백악관에 입성하기 전 매일 실내자전거를 탔다는 일화가 소개되면서 시니어들의 건강관리법으로 '실내 자전거 타기'가 크게 회자되기도 했습니다. 빠른 걷기 또는 런닝과 같은 유산소 운동은 심장과 폐를 튼튼하게 해줄 뿐 아니라 뇌를 맑게 해 주는 데 탁월합니다. 운동을 하면 땀으로 몸 안의 노폐물이 빠지고 혈액순환이 원활하게 되어 100조 개의 세포에 충분한 산소와 영양분을 공급하게 됩니다. 바쁜 일정 속에서 지치지 않고 종일 엔진을 돌릴 수 있는 힘의 원천을 만드는 것이 운동입니다. 예를 들어, 성인이 되어 허벅지 근육이 약해지면 부지런히 움직이지 못하고 점점 책상에 앉아 머리만 굴리는 사람이 됩니다. 체력이 약해질수록 머릿속에 많은 생각이 떠오르지만 실천은 하지 못하고 점점 움직이지 않는 몸으로 바뀌어 갑니다.

미국의 하버드 학생들은 졸업 후 다 성공할까요?

그 학생들 중에서 혁신을 만들어 내고 새로운 것을 창조해 내는 학생들은 'Proactive(상황을 앞서서 주도하는)' 학생들이라 합니다. 여기서 'Proactive'라는 뜻은 현실과 괴리가 심한 무모성이라기보다는 적극적으로 문제 해결에 뛰어들며, 모든 결과에 책임을 지는 성숙한 책임 의식을 따른다는 의미입니다. 행동력을 뒷

받침하는 것은 강인한 정신과 체력에서 오는 지구력입니다. 이 지구력이 있어야 끈기와 인내를 가지고 어려운 상황을 돌파하며 팀을 이끄는 진정한 성공자가 될 수 있습니다.

몸의 상태는 마음에도 영향을 줍니다. 고집이 세고 주변을 잘 배척하며 시야가 좁고 포용력이 없으면 흔히 '그릇이 작다' 또는 '쪼잔하다'라고 하죠. 성장기에 스트레스를 많이 받아 마음이 정상적으로 크지 못하면 나중에 성인이 되어 공감을 잘하지 못하는, 즉 남을 잘 이해해 주지 못하는 자기중심적인 사람이 될 가능성이 큽니다. 성장기의 과도한 스트레스는 뇌 해마 조직의 성장을 방해하여 공감능력을 떨어뜨리기 때문입니다. 우리 아이들은 앞으로 세상에 나가 수많은 사람들과 관계를 맺고 때로는 경쟁해야 합니다. 또한 앞으로 그들이 속한 조직에서 상황에 따라 수많은 처세를 하며 때로는 위기를 넘어가고 때로는 기회를 포착하며 살아갈 것입니다.

분명한 것은 스트레스에 취약한 상태에서 자란 아이들은 후에 성인이 되어 큰 그릇이 될 가능성이 현저히 낮아진다는 것입니다. 육체는 마음을 담는 그릇이라 합니다. 육체의 그릇이 깨어지고 휘어지면 마음이 출렁거리며 좋은 마음이 잘 채워지지 않는 것은 당연합니다.

아이들은 자라나는 시기에 신체놀이를 통해 신체적으로 정신적으로 더욱 강해집니다. 어린 시절의 신체놀이가 뇌 성장과 마음의 성장에 얼마나 중요한지는 뒤에서 다루도록 하겠습니다. 신체놀이를 즐겁게 하면서 나쁜 음식을 줄이고 잠을 잘 자는 것이 아이들의 몸과 마음을 건강하게 성장시키는 비결입니다.

집요함과 집중력, 그리고 인내와 끈기는 성장기 건강 토양에서 나온다

말콤 글래드웰Malcolm Gladwell은 '1만 시간의 법칙'을 주창한 유명한 심리학자입니다. 그는 〈아웃라이어〉라는 책에서 누구라도 하루에 3시간씩 10년을 노력하면 한 분야에서 남들과 차별화된 소위 '전문가'가 될 수 있다고 주장합니다(말콤 글래드웰, 2019). 말콤 글래드웰은 엘리트들 가운데 그들이 가진 유전적 소질, 재능만으로 높은 곳까지 간 사람은 없다고 하였습니다. 토머스 에디슨이 '천재는 99%의 노력에 1%의 영감으로 이뤄진다'는 명언을 남긴 것처럼, 연습량에 따라 천재의 수준도 달라진다고 말합니다.

캐나다 맥마스터 대학의 Wong 의학박사Nathan Colin Wong, MD는 〈The 10,000-hour rule〉의 소논문에서 외과 의술에 1만 시간 이상의 연습이 축적될 때 얻을 수 있는 분명한 장점을 이야기합니다(Wong, 2015). 누구에게나 1만 시간이 적용되는 것은 아닐 수 있지만, 무슨 일이든지 긴 시간을 집중해서 같은 일을 반복하며 끈기 있게 해내는 것은 남들과 차별화된 실력을 갖추기 위한 필수 조건임이 분명합니다. 자라나는 아이들이 커서 자신의 가치와 비전에 따라 어떠한 일을 이루고자 할 때 그 일을 이루고자 하는 집요함과 집중력, 그리고 인내와 끈기의 원천은 성장기의 건강 토양에서 나온다고 확신합니다.

최근 필자의 연구팀에서 비만 어린이들의 체력테스트를 진행한 적이 있었습니다. 체력측정 중에 심폐지구력을 측정하기 위한 20m 셔틀런 테스트(20m 왕복오래달리기)라는 것이 있습니다. 음원에 맞춰 '20m를 몇 번 반복할 수 있을 것인가'라는 것인데, 시간이 지나면서 점점 빠른 속도로 뛰게 설계되어 있습니다. 예를 들어, 초등학생 6학년 남자 학생의 경우, 평소 놀이터에서 아이들과 뛰어노는 아이들은 평균 50~60번 왕복이 가능합니다.

축구와 같은 고강도 운동을 많이 하는 아이들은 70번 이상을 뛰기도 합니다. 그러나 평소에 운동 습관이 없으며 비만인 6학년 남자 학생의 경우 10번만 뛰어도 이미 헉헉거리는 소리를 내며 힘들어하는 모습을 봅니다. 이 아이들의 심장은 폐에서 받아들이는 산소를 근육과 각종 세포에 전달하지 못 하는 것입니다. 이런 심장을 가진 아이들은 몸 안의 혈관도 많이 뻗어 나가지 못해 뇌 속에 충분한 산소와 영양분을 공급해 주지 못합니다.

실패하고 실패해도 다시 툭툭 털고 일어나는 끈기와 용기, 그리고 자신감과 자기효능감을 올리기 위한 절대 필수 조건은 성장기에 심장과 폐, 그리고 근육을 튼튼히 해주는 '땀을 흘리는 운동'입니다. 자라나는 아이들에게 운동의 기회를 박탈하는 것은 거의 재앙이라고 생각합니다. 우리 아이들이 앞으로의 시대에 성공하는 리더가 되려면 많은 실패 속에서도 오뚝이처럼 일어나 도전하는 불굴의 의지가 있어야 합니다. 이러한 불굴의 의지는 많은 부분이 성장기의 신체활동을 통해서 길러진다는 것을 꼭 알아야 하며, 비대해지고 병든 몸으로는 계속해서 다가오는 수많은 역경과 변수 앞에 두려워하고 불안해하며 한 발자국을 내딛기 어려워하는 성인으로 자랄 가능성이 있습니다.

요즘 집 밖으로 나오지 않는 은둔형 외톨이 문제가 사회적 문제로 심각합니다. 아이들은 성장기에 많이 뛰어놀아야 합니다. 너무 비대해지면 안 됩니다. 어렸을 때 건강 토양을 잘 가꿔 주면 이 시대의 건강한 리더로서 행복하게 인생을 펼쳐 나가는 모습을 보시게 될 것입니다. 부지런히 움직이며 끊임없이 도전하는 아이로 함께 키우기를 소망합니다.

앞으로의 시대는 마음이 튼튼한 리더가 성공한다

자라나는 아이들은 밖에서 실컷 뛰어놀아야 합니다. 성장기의 신체놀이는 심장과 폐, 혈관, 근육 및 제일 중요한 뇌까지 모든 부분을 최고로 튼튼하게 해주는 가장 중요한 부분이라 해도 과언이 아닙니다. 신체놀이란 아이들끼리, 아이들의 주도 하에 도둑잡기(또는 경찰과 도둑)나 얼음땡 등을 하는 놀이, 또는 공과 같은 도구를 가지고 하는 운동을 모두 포함합니다.

아이들이 헉헉거리며 땀을 흘리는 이러한 신체활동에는 중·고강도의 신체활동이 많이 포함된 놀이들이 있습니다. 그러나 중·고강도의 신체활동이 요즘 아이들에게 실종되어 가고 있습니다. 강도 높은 신체활동은 심장과 폐, 근육이 튼튼해지며 뇌에 좋은 산소와 영양분을 듬뿍 공급해 주는 역할을 하게 됩니다. 신체활동은 학습, 기억 기능뿐 아니라 감정을 컨트롤 할 수 있는 전두엽의 성장을 촉진합니다. 신체놀이를 통해 자란 아이들은 불굴의 의지와 인내를 발휘할 수 있는 최고의 체력을 가지게 될 뿐 아니라 미래사회 인재의 최고 덕목인 '공감 능력'이 자연스럽게 생기게 됩니다. 신체놀이는 공감 능력을 좌우하는 전두엽 성장에 큰 영향을 미치게 때문입니다. 그러나 요즘 아이들은 남들의 어려움을 잘 느끼지 못하는, 즉 공감 능력이 많이 떨어지고 있습니다.

'몸은 다 컸는데 마음은 초등학생인 내 아이… 왜 그럴까?'

우리 아이들이 유능한 미래 인재로 사회에 성공하는 데에 큰 방해 요소는 사회 전반에 퍼져 있는 '따돌림 문화'입니다. 또래 집단에서 따돌림당하지 않기 위해 '절대 유별나게 굴지 마라'는 무언의 메시지 안에서 크는 아이들은 마음 한구석이 위축된 채로 성인이 됩니다. 그래서 성장기에 마음이 위축되면 성인이 되어 튀지 않고 평균치 안에서 머무르려는 습성이 있습니다. 때로는 욕을 먹더라도 치고 나가며, 때로는 '미쳤다'는 소리를 들으면서도 창의적인 도전을 멈추지 않는 강인한 체력과 마음을 길러 주어야 합니다. **도전을 멈추지 않으면서도 주위 사람들을 돌아보는 공감능력이 있는 리더는 사람들을 하나로 단합시키는 능력을 보이며 하고자 하는 일들을 이뤄낼 수 있습니다.** 아무리 똑똑하고 창의적인 머리를 가지고 있어도 주위 사람의 마음이 보이지 않는 사람, 공감력이 떨어진 사람으로 크면 사회에서는 배척당하며 위축당하는 횡풍을 맞게 될 것입니다.

결코 머리만 똑똑해서는 사회에서 성공할 수 없습니다. 어렸을 때 최적의 뇌 성장을 위해서는 바른 운동, 영양 및 수면이 필수입니다. 이 세 부분의 톱니바퀴가 서로 맞물려 잘 돌아가야 몸뿐 아니라 뇌의 성장, 즉 튼튼한 마음의 성장이 이루어집니다.

공부력을 높이는 데에 체력은 필수다

이 시대의 진정한 리더가 되기 위해서 공부력을 빼놓을 수 없습니다. 무슨 일을 하든지 공부를 해야 그 분야의 전문가가 될 수 있습니다. 앉아 있는 시간이 길다고 해서 공부를 잘할 수 있는 것일까요? 체력이 떨어져 스트레스에 취약한 몸이 되고, 수면장애까지 있는 '공부에 스트레스를 받는 학생'들이 많습니다. 학업 스트레스로 많은 아이들이 수면부족 상태를 경험하며 자살까지 시도하는 사례가 폭발적으로 증가하고 있습니다. 우리나라는 OECD 청소년 자살률 1위이며 그 원인 중 가장 높은 자리를 차지하는 것이 '학업 스트레스'입니다. 그렇다고 공부를 안 시킬 수도 없는 노릇입니다. 앞으로 거친 세상을 경쟁하며 살아남기 위해서는 공부가 중요한 무기가 되는 것이 분명하기 때문입니다.

공부를 잘하려면 우선 기억력이 좋아야 합니다. 그리고 기억된 것을 뇌 속에서 서로 연결시키며 창의적으로 문제를 풀어내야 합니다. 앞으로의 미래사회는 지금은 상상도 못 할 정도로 더욱더 급속하게 변화하는 사회가 될 것입니다. 이러한 사회를 헤쳐 나갈 인재가 되기 위해서는 창의적으로 문제 해결이 가능한 진정한 공부력을 쌓아야 합니다.

끊임없이 에너지를 발산하며, 모든 정보를 뇌 속에서 초연결시키는 창의성이 뿜어져 나오는 아이, 끊임없는 호기심으로 지식의 축적을 즐거워하는 아이로 성장시키기 위한 필수 조건은 뛰고 또 뛰고 신나게 웃으며 뛰어놀게 하는 것입니다. 성장기 어린이들의 균형 잡힌 뇌 성장을 위해서는 신체활동은 필수입니다. 성장기의 신체활동은 뇌의 전두엽과 해마 성장에 절대적인 영향을 미칩니다. 전두엽이 활성화되어야 뇌가 학습에 최적화되는 상태를 만들 수 있으며, 기억력과 학습을 담당하는 해마 부분에 신경세포가 많이 생기고 서로 연결이 되어야 공부력이 올라갈 수 있습니다.

그러나 요즘은 과도한 선행학습으로 인하여 집에서 학습지를 푸느라 여념이 없습니다. 뇌가 성장하는 단계에서 성장기 어린이들이 문제지를 너무 많이 풀거나 단순 주입 학습을 많이 하게 되면 오히려 뇌 성장에 악영향을 줄 수 있고 뇌 성장에 불균형을 초래할 수 있습니다. 뇌가 성장하는 중요한 시기에 과도한 학습과 게임 및 온라인 매체의 과도한 노출은 아이들의 공부력에 치명적인 손상을 가져다줄 수 있습니다. 하버드 의대의 임상정신과 존 레이티 교수가 저술한 〈운동화 신은 뇌〉에서 자라나는 아이들에게 운동이 공부력에 얼마나 중요한 영향을 미치는지 좋은 일례를 소개하고 있습니다(존 레이티, 2012).

미국 일리노이주 네이퍼빌 203학군의 학교에서는 0교시 체육을 도입했습니다. 존 레이티 교수가 이 학교에 주목한 점

> 은 0교시 체육이 학생들에게 끼치는 효과가 먼 훗날이 아니라 그들이 학교에 다니는 동안에 나타났다는 점입니다. 이 학생들이 거둔 놀라운 학업성취도에 0교시 체육, 즉 신체활동이 학습능력 향상에 얼마나 중요한지 증명할 수 있는 데이터가 쏟아져 나오기 시작하여 전 미국이 주목하는 지경이 되었습니다. 이러한 결과로 인해 다른 주의 많은 학교가 네이퍼빌 식의 0교시 체육수업을 실행한 후에 학업 성취도가 눈에 띄게 향상했습니다.

성장기에 행하는 활발한 신체활동은 평생 공부력을 좌우하는 제일 중요한 요소라 확신합니다. 무림의 고수는 산속에서 계속 무술을 연마하며 시간이 될 때마다 칼을 갈며 세상에 나갈 때를 기다립니다. 이후 자신에게 주어진 기회의 때에 힘들이지 않고 여유 있게 상대를 처리하며 그 시대를 주름잡아 갑니다. 다른 예로, 할 일이 많아 조급한 주방장은 들지도 않는 무딘 칼로 음식을 어렵게 썰어 대며 분주하고 소란스럽게 음식을 준비합니다. 칼이 잘 안 드니 대충 잘려진 재료의 질은 안 좋아지고 일의 효율마저 떨어져 소란스럽지만 제대로 된 음식 준비가 될 리 만무하죠. 그러나 최고의 주방장은 항상 주방을 청소하며 기구를 가지런하게 정리하고 칼을 가는 데에 많은 시간을 쓴다고 합니다. 그리고 절대로 허둥지둥하는 법이 없습니다. 잘 나가는 칼로 음식을 상하지 않게 잘 썰어 대며 힘들지 않게 최고의 퍼포먼스를 보여 줍니다. **어렸을 때 우리 아이들을 너무 공부로만 달리게 하면 안 됩니다.** 어린 나이에 학습지다 선행학습이다 해서 공부의 지식이 조금 더 늘어난들, 성장기 때에 활발한 신체활동 안에서 건강의 토양을 튼튼히 만들어 놓지 않으면 나중에 허약해진 몸을 가지고 세상의 무대에 나가 실력을 발휘하기가 어려워집니다.

서울대 법대에 입학해서 판사 생활을 하다가 지금은 유명한 로펌에서 일하는 친구가 있습니다. 그 친구는 고1 때 반에서 1등도 하지 못했고 한 3등 정도 했던 것으로 기억합니다. 그러면서 우리와 함께 얼마나 농구를 하고 놀았는지 모릅니다. 2~3학년 되어서도 그 친구는 우리와 농구를 계속 같이했습니다.

그 친구가 사법고시 준비를 위해 고시원에 들어가 공부를 할 때 가장 인상 깊었던 것은, 집에서 고시원까지 한 시간 거리를 일부러 운동 삼아 걸어간 것입니다. 이 친구는 운동을 한 뒤 공부를 하면 더욱더 머리에 잘 들어온다는 것을 체험적으로 알고 있었습니다. 운동이 체력을 높였기 때문에 오래 앉아 있으면서도 피곤해지지 않고 공부에 집중할 수 있었던 것입니다. 걷기를 통해 체력을 쌓고 다가올 미래에 대한 스트레스에도 대항하며 공부에 최적화된 뇌를 유지했었던 것 같습니다. 지금 생각해도 이 친구는 참으로 현명했습니다. 사법고시가 끝나고 친구들과 함께 모여 식사를 하는 데도 얼굴에 전혀 수척한 모습을 보이지 않았습니다. 이 친구는 유명한 로펌회사의 중직이 되어 바쁜 나날을 보내지만 요즘도 출근 전에 수영을 한다고 합니다.

공부력의 기본은 체력입니다. 공부력을 높이려면 머리가 맑아지는 영양섭취법도 잘 알아야 합니다. 체력이 약해 공부 스트레스에 지는 몸이 되면 될수록 코르티솔이라는 스트레스 호르몬 분비량이 증가합니다. 그 호르몬은 설탕과 같이 단 것을 당기게 합니다. 그래서 독서실 근처 편의점에는 단 것을 찾는 학생들이 많습니다. 우리 아이들이 공부를 시작할 나이에 학원을 다니고 스터디 카페를 가며 항상 먹는 간식들은 설탕 범벅의 간식들뿐입니다. 가뜩이나 장시간 앉아 있어 혈액순환도 잘 안되고 몸 상태는 안 좋은데 계속해서 설탕이 듬뿍 들어간 간식을 먹다 보면 혈액이 끈적끈적해지며 혈액순환이 안 되고 염증 물질을 뿜어대는 몸으로 바뀝니다. 이러한 염증 물질은 비만을 유발할 뿐 아니라, 뇌의 성장, 뇌의 건강에 치명적입니다.

최고의 성장을 이루어야 할 나이에 운동은 안 하고 장시간 앉아 있으며, 설탕과 식품첨가물이 잔뜩 들어간 가공식품을 먹고, 공부에 대한 염려와 근심으로 수면부족과 수면장애를 겪는 게 요즘 우리 아이들의 현실입니다. 이대로는 병약하고 유약한 몸으로 자라 성인기를 맞이할 수밖에 없습니다. 우리 아이들에게 반드시 체력을 키워주어야 합니다. 다음 장에서는 우리나라 아이들의 건강 현황이 어떤지 알아보도록 하겠습니다.

2부

아이들의 건강을
덮치고 있는
현대문명의 거대한 파도

1

우리 아이들의 건강이 심각하게 무너지고 있다

우리나라 성인의 질환률이 증가하고 있다

우리 아이들의 건강 관련 현황을 언급하기 앞서서 우리나라 인구 전체의 심각한 질환률 증가에 대해 나누고자 합니다.

> 2022년 세계당뇨병의 날 기념 대한당뇨병학회 정책포럼에서 당뇨병 인구는 급격히 증가하는 추세이며 유병자의 75% 이상이 전혀 관리가 안 되고 있다고 합니다. 이대로 가다가는 당뇨병 전단계 인구의 70% 이상이 곧 당뇨병 진단을 받게 될 것이라고 보고되고 있습니다. 당뇨병이 무서운 점은 다양한 합병증을 진행시킨다는 점입니다. 대표적으로 혈관

에 직접적인 손상을 주어 고혈압으로 진행되게 합니다. 당뇨병은 크게 심장병과 동맥경화의 대혈관 합병증을 일으키며, 망막증, 신장병 또는 신경병 등 미세혈관 합병증을 일으킵니다. 가족력으로 유전적으로 약한 부분부터 합병증이 일어나게 됩니다. 이렇듯 당뇨병은 걸려서도 안되고, 걸리면 반드시 그 원인을 찾아 치료를 해야 하는 병입니다.

우리나라 사망 위험요인 1위인 고혈압은 어떤 상황일까요?

요즘 고혈압 약을 드시는 분들이 정말 많습니다. 고혈압이 위험한 이유는 높은 혈압 자체가 각종 장기에 치명적인 손상을 일으키기 때문입니다. 잘못된 생활 습관으로 심장과 혈관이 약해져 몸속 구석구석의 세포에 산소와 영양분을 보내지 못하게 되면, 혈관의 압력을 높여 더욱더 많은 힘으로 산소와 영양분을 보내면서 혈압이 높아지게 됩니다. 이런 상황이 지속되면 심장에 무리가 가고 심장벽이 두꺼워져서 나중에 심부전증이 나타날 수 있습니다.

또 높은 혈압은 온몸의 혈관(동맥)에도 문제를 일으킵니다. 특히 뇌혈관이 막히는 뇌졸중이나 뇌혈관이 터지는 뇌출혈로 이

〈20대 이상 연도별 고혈압 유병환자 수〉

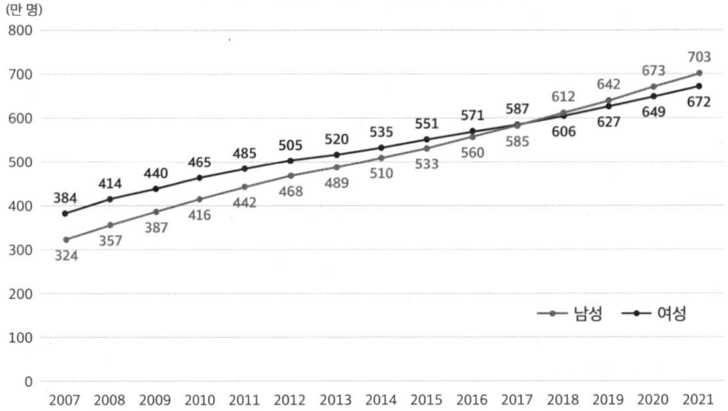

(출처: 대한고혈압학회)

어질 수 있는데 요즘 젊은 성인들이 급작스러운 사망에 이르는 경우가 증가하고 있습니다. 또한 신장에도 문제를 일으켜 결국 신부전으로 진행되는 경우도 많습니다. 대한고혈압학회는 건강보험 빅데이터를 활용해 2007년부터 2021년까지 전 국민의 고혈압 유병률을 발표했는데 그 결과가 가히 충격적입니다. 국내 20세 이상 인구의 고혈압 유병환자는 2007년 708만 명에서 2021년 1375만 명(남성: 703만 명, 여성: 672만 명)으로 667만 명이나 증가했습니다. 연령대별로 보면 특히 젊은층의 증가율이 두드러지는 것이 눈에 띕니다. 최근 5년간 고혈압 진료환자 증가율이 가장 높은 연령대는 20대로, 무려 61.9%(2만 3731명 → 3만 8413명)이었습니다. 우리나라 인구 5100만 중에 1375만 명이 고혈압 환자가 되었습니다. 현재 성인 3명 중 1명이 고혈압 환자라고 합니다. 고혈압 약을 먹으면 혈압은 낮아지겠지만 문제는 몸속 구석구석의 세포에 산소와 영양분은 못 보내게 되어 몸의 상태는 계속 악화될 수밖에 없습니다.

부모에게는 아이들을 건강하게 키워야 할 사명이 있다

우리나라 저출산 문제 또한 정말 심각합니다. 2023년 통계청은 만 15~49세 가임여성 1명이 평생 낳을 것으로 예상하는 아이의 숫자를 뜻하는 합계출산율이 0.70명으로 집계됐다고 밝혔습니다. 사상 최저 기록이고, 세계 최저 수준입니다. 2006년 이후 4개의 정부가 저출산 문제를 해결하기 위해 380조 원의 예산을 쏟아부었지만 합계출산율은 여전히 추락하고 있습니다. 출산율 올리기가 참으로 어려운 상황에서 지금 태어난 우리 아이들이라도 건강하게 잘 키워야 할 것임은 자명한 사실입니다. 성인이 되어 강인한 체력을 바탕으로 명철과 끈기를 발휘할 수 있도록 자라나는 시기에 건강의 토양을 잘 가꿔줘야 합니다. 우리의 가정에는 이 나라를 발전시키며 든든하게 뒷받침할 인재를 키워야 할 사명이 있습니다.

이 사명을 이루기 위한 첫 번째는 우선 부모님들의 생활 습관을 바꾸는 것입니다. 당뇨 또는 고혈압 같은 질병이 생겨 약을 먹게 되었는데 생활 습관을 건강하게 바꾸지 않으면 약봉지는 늘어날 수밖에 없습니다. 이런 패턴을 끊어야 합니다. 이미 약을 먹고 있다 해도 부모님들께서 하나하나 생활 습관을 고쳐 나가면 반드시 약은 끊을 수 있습니다. 신체활동, 음식 및 수면관리의 3박자를 균형 있게 잘 만들어 가면 반드시 건강한 몸을 회복할 수 있습니다. 그럼 현재 우리 아이들의 건강 현황은 어떠한지 그 심각성을 알아보도록 하겠습니다.

OECD 국가 중 신체활동량 꼴찌인 우리나라 어린이들의 현실

우리나라 특유의 대학입시 문화로 우리 아이들은 공부하는 시간이 상당히 많은 편입니다. 또한 우리나라 인터넷의 보급 속도가 세계 최고인 덕분(?)인지 게임과 온라인 매체 시청 시간도 매우 높습니다.

〈2022 스마트폰 과의존 청소년 비율〉

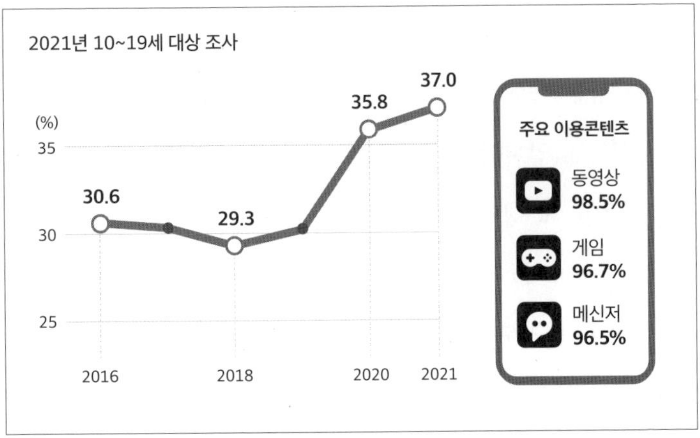

(출처: 여성가족부, 한국청소년정책연구원)

여성가족부와 한국청소년정책연구원이 각종 국가승인통계에서 청소년 관련 내용을 재분류해 공개한 '2022년 청소년 통계'에 따르면, 초·중·고생 10명 중 약 4명은 정규 수업시간을 제외하고 학원수업을 포함해 하루 평균 3시간 이상 공부하는 것으로 확인되었습니다. 초·중·고생 10명 중 4명은 하루에 자유시간이 2시간이 채 안 되는 것으로 나타났습니다.

또한 2021년 10~19세 청소년의 무려 37.0%가 스마트폰 과의존 위험군이었다고 보고하고 있습니다.

좌식 생활 위주의 생활 습관 때문인지 우리나라 아동·청소년의 신체활동량은 전 세계 최하위 수준입니다. 최근 7일 동안 숨이 찬 정도의 신체활동을 하루 50분씩 주 5일 이상 하는 사람의 비율인 규칙적 운동 실천율은 불과 15% 정도로 미국 청소년의 신체활동 실천율 48.6%와 비교했을 때 1/3에 불과한 수준입니다(주간 건강과 질병, 2021).

우리나라 12~18세 청소년 7명 중 6명은 방과 후 별다른 신체활동을 하지 않은 채 수업이나 휴대폰에 매달리고 있는 것으로 대한비만학회에서 보고하기도 했습니다. 방과 후 운동하는 비율은 OECDOrganization for Economic Cooperation and Development(경제협력개발기구) 국가가 평균 66%인 반면 우리나라 아이들은 42.9%로 72개국 중 꼴찌를 차지했습니다.

반대로 숨이 가빠지는 고강도 운동을 1주일에 한 번도 하지 않는다는 학생도 4명 중 1명꼴(27.7%)로 안 좋은 항목은 전체 2위를 차지했습니다(양지호, 조선일보, 2019). 우리나라 아이들은 움직이지도 않고 운동의 강도, 즉 운동의 질마저 떨어져 있습니다. 정말 심각한 수준입니다.

'세계에서 가장 안 움직이는 한국 학생'이라는 기사 제목에 정

〈OECD 방과 후 운동 학생 비율〉

순위	국가	비율(%)
1	아일랜드	77.6
2	네덜란드	76.1
3	슬로바키아	75.1
8	미국	71.0
18	독일	68.6
34	일본	49.8
35(꼴찌)	한국	42.9
	OECD 평균	**66.0**

(출처: 조선일보)

말 한숨만이 나옵니다(양지호, 조선일보, 2019). 성장기에 이렇게 부족한 신체활동은 뇌의 발달, 인지 및 기억뿐 아니라 공감, 이해 등의 마음 성장에도 치명적인 결과를 초래합니다. 전문가들이 이렇게 얘기했다고 합니다.

> 우리 교육이 뭔가 잘못돼도 크게 잘못되었다. 체육 활동을 많이 할수록 학생의 읽기·쓰기 성적이 높게 나오는 게 보편적인 현상이다. 학력 테스트에서 상위권에 오른 나라가 체육수업도 많이 했다. 우리만 반대다. 한국은 학생들 심신을 단련시키는 대신 '책상물림 수재'를 양산하고 있다.

앞으로 학교와 정부 및 연구기관이 힘을 합쳐 체육활동 관련된 정책을 반드시 개선해 나가야 할 것은 분명합니다. 그러나 그 정책의 개선만을 기다리며 의지하기에는 우리 아이들의 건강이 심각한 상태로 나갈 것이 너무나 자명합니다. 우선 가정에서 건강한 생활 습관을 하나씩 하나씩 만들어 가기 위한 노력을 해야 아이들의 건강을 지킬 수 있습니다.

성조숙증 아이들이 급속히 증가하고 있다

요즘 아이들에게는 성조숙증의 문제가 너무 심각합니다. 이전의 어른들, 심지어 우리 세대가 자라날 때 성조숙증이라는 것이 이렇게 사회적 문제가 되지는 않았습니다. 진단 기준으로 말하면 여아 8세, 남아 9세 이전에 2차 성징이 나타날 때 성조숙증으로 판단합니다. 사춘기의 신체징후가 빨리 나타나는 아이들이 급속도로 증가하고 있습니다.

남아에게 음모가 발현되고 얼굴에 여드름이 생기며 변성기가 옵니다. 여러 원인이 있지만 운동 부족과 영양 과잉으로 인한 과도한 지방 축적은 성조숙증의 가장 큰 원인으로 지목되고 있습니다. 설탕이 많이 들어 있는 가공식품과 고열량의 패스트푸드의 섭취 증가로 지방이 필요 이상으로 쌓이면 몸에서는 '인제 그만 먹으라'고 식욕을 떨어뜨리는 렙틴 호르몬이 과다 분비됩니다. 이 렙틴 호르몬의 과다 분비는 우리 아이들의 성 호르몬을 필요 이상으로 자극하여 성조숙증을 유발합니다.

렙틴 호르몬의 과다 분비가 무서운 점은 음식을 먹으면 렙틴이 분비됨에도 불구하고 뇌에서 이 렙틴 신호를 잘 못 받는 렙틴 저항성이 생긴다는 것입니다. 렙틴 저항성이 심해지면 심해질수록 몸에서는 음식을 먹을 때 어떻게든 못 먹게 하려고 지방세포에서 렙틴을 더욱 많이 분비하지만 정작 뇌에서 받아들이지 못하게 됩니다. 이러한 상태가 계속되면 과도하게 음식을 섭취하게 되어 비만이 가속화됩니다.

인제대 상계백병원 소아·청소년과 성장클리닉 연구팀이 최근 성조숙증 유병률 연구 결과를 발표했습니다. 연구팀은 2008~2020년 성조숙증으로 치료받은 9세 미만의 여아와 10세 미만의 남아 13만 3283명을 분석했는데 충격적이게도 국내 남자 어린이의 성조숙증 유병률이 12년 동안 83배 증가했다는 분석이 나왔습니다. 분석 기간 중 성조숙증 진단

> 사례는 여자아이가 남자아이보다 18.3배 많았지만, 연간 성조숙증 증가율은 남자아이가 여자아이의 증가율인 15.9배를 훨씬 앞질렀다고 보고하였습니다(Kang et al., 2023).

또한 연구팀은 성조숙증에 영향을 미치는 주요 요인 중 하나인 비만 유병률이 여아보다 남아에서 높은 것이 성조숙증 증가율 차이에도 영향을 미친 것으로 분석했습니다. 남아, 여아 할 것 없이 성조숙증의 급격한 증가가 너무 심각합니다. 성조숙증이 와버리면 키 성장에도 악영향을 미칩니다.

유아 비만율이 급속히 증가하고 있다

부모님들은 당연히 아이들의 키 성장에 관심이 높습니다. 이전 어르신들은 "어릴 때 살은 다 키로 가니 무조건 먹여, 무조건 많이 먹어야 혀"라는 말을 너무나 많이 합니다. 그래서인지 뚱뚱한 것은 지나치다 싶을 정도로 관대하며 오히려 뚱뚱해야 안심이 된다는 부모님들도 많은 것 같습니다.

그러나 어릴 때 살이 전부 다 키로 가는 것은 아닙니다. 다른 또래보다 초반에는 성조숙증의 원인 등으로 더욱 클 수 있지만 급성장이 일어나는 성장의 골든 타임에는 정작 나와야 할 호르몬이 분비가 잘 안 되어 최종적으로 키가 오히려 작아지게 됩니다. 잘 먹는 것이 물론 성장에 유리하지만 살이 다 키로 간다는 것은 틀린 얘기입니다.

우리나라의 소아·청소년의 비만율이 성별과 관계없이 급속히 증가하고 있습니다. 질병관리청 조사 결과에 의하면, 소아·청소년(6~18세) 2021년 기준 비만 유병률은 19.3%로 조사되었습니다. 비만 전 단계인 과체중까지 포함하면 어떤 연령대는 3명 중 1명이 비만일 정도로 우리나라 성장기 아이들의 비만 문제는 너무나도 심각합니다.

어렸을 때 비만하게 되면 성조숙증 이외에 어떠한 다른 문제를 일으키는 걸까요?

소아·청소년 비만의 큰 문제점 중 하나는 성인기 비만으로 이행되는 비율이 너무 높아진다는 점입니다. 실제 비만한 소아·청소년 84%는 성인기 신체질량지수Body mass index, BMI가 30kg/m^2 이상인 비만으로 성장한다고 합니다. 어렸을 때 비만이면 성인기에도 거의 비만이 된다는 이야기입니다. 또한 비만한 소아·청소년의 3명 중 1명은 성인기에 BMI가 40kg/m^2 이상인 초고도비만으로 환자가 될 수 있다고 경고하였습니다(Freedman et al., 2007). 특히 어린 시절 비만의 전단계인 과체중이었던 여자아이도 이후 성인이 되어 비만으로 진전될 가능성이 11배 이상 더 높은 것으로 보고되었습니다(Thomson et al., 2007).

비만은 고혈압과 당뇨병 등 각종 대사질환을 유발하는 큰 원인입니다. 나중에 성인이 되어 각종 대사질환에 시달리지 않게 하기 위해서는 자라날 때 비만 관리를 반드시 해 주어야 합니다.

아이들의 마음과 정신이 무너지고 있다

골목골목마다 편의점이 우후죽순처럼 늘어나면서, 식품첨가물이 40개 이상 들어있는 라면 섭취는 물론 햄버거, 피자 및 치킨과 같은 고지방 고열량 패스트푸드의 섭취량도 날로 늘어가고 있습니다. 이러한 고열량 가공식품들이 우리 아이들의 몸과 마음에 얼마나 나쁜 영향을 미치는지는 이후 자세히 소개하도록 하겠습니다. 이와 더불어 요즘 비만을 유발하는 큰 원인인 과도한 설탕 섭취, 즉 콜라, 주스 및 과자와 같은 가공식품의 섭취는 우리 아이들의 정신 건강마저 황폐하게 만드는 원인입니다.

여기에 더하여 공부 및 게임, 스마트폰의 과다 사용으로 인해 수면시간마저 부족해져 우리 아이들의 스트레스 및 우울증을 증가시키고 있습니다. 아이들이 어리면 어릴수록 스트레스에 취약합니다. 또한 불안한 경쟁심리 안에서 자라면 스트레스에 더 취약한 어린이가 됩니다. 특히 초등학생 때 과도한 경쟁, 학업에 대한 질책과 압박에 시달리거나, 가정환경에 불화가 생기면 스트레스로 인해 수면에 문제가 생기게 됩니다. 아이들은 감정이 상하거나 억눌린 환경, 즉 평안한 환경 속에서 자라지 못할 때 스트레스가 생깁니다. 수소 폭탄 속의 응축된 불안정한 수소 원자처럼(3H, 트리트늄, 불안정 원소), 최대로 버티고 몸 안에 눌러 놓다가 견디지 못하고 그것이 터져 나오게 됩니다. 그 뒤에 후회하는 부모는 한결같이 이렇게 얘기합니다.

> '설마 우리 아이가 자살하리라고는 전혀 예상도 상상도 하지 못했습니다….'

가뜩이나 저출산 시대, 우리 아이들을 소중하게 키워야 하는 판에, 어린 영혼들이 이생을 떠나는 것은 우리 어른들이 발버둥 치며 막아야 합니다.

실제 통계에 나타난 우울증 및 자살률 등 우리나라 아이들의 정신 건강 현황은 어떨까요?

가정에서 아이를 키우고 학교에서는 중고등학교 선생님들을 길러내는 사범대 교수로서 정말 인정하고 싶지 않은 사실이지만, 우리나라 청소년들 자살률이 현재 OECD 1위입니다.

최근 청소년 자살률은 2017년에서 2020년 44% 늘었으며, 같은 기간 10대의 자살 및 자해 시도는 2633명에서 4459명으로 69%로 치솟았습니다. 건강보험심사평가원의 조사에 의하면 19세 이하 아동 청소년 정신 진료 환자 수가 2016년 22만 명에서 2020년 27만 명으로 늘어난 것으로 보고되었습니다.

우울증은 2017년 29,534명에서 2020년 48,221명으로 3년 만에 60% 이상 급증했습니다(MBC 뉴스, 2022). 질병관리청의 청소년건강행태조사(2022년)에선 남자청소년 4명 중

1명, 여자청소년은 3명 중 1명이 우울감을 경험하는 것으로 나타났습니다(교육부, 2022). 많은 청소년들이 우울감을 호소하는 것이 위험한 이유는 그 청소년들이 후에 자살까지 시도할 가능성이 크기 때문입니다. 특히 청소년 10명 중 1명이 자살을 심각하게 생각한 경험이 있는 것으로 밝혀졌습니다.

이렇듯 우리 아이들은 '우울공화국'에 살고 있다고 해도 과언이 아닙니다. 건강을 해치는 거대한 파도 앞에 직면해 있는 상황입니다. 성장기 어린아이들에게 정말로 중요한 신체활동, 영양 및 수면의 모든 부분이 심각한 국면을 맞이하고 있습니다. 그러므로 아이들에게 신체활동, 영양 및 수면은 왜 그리고 얼마나 중요한 것인지에 대해 지금부터 나눠 보고자 합니다.

2

땀 흘리고 헉헉거리는 중강도 이상의 운동이 턱없이 부족한 아이들

문제는 정적인 활동 시간의 증가이다

우리 아이들에게 어느 정도의 신체활동이 적절한 것일까요?

성장기에 신체활동을 제대로 못 하고 지나가면 우리 아이들에게 어떠한 피해가 생기는 것일까요? 우선 요즘 아이들의 신체활동에 가장 문제가 되는 것은 앉거나 누워 있는 시간이 많아진 정적인 활동Sedentary behavior 시간의 증가입니다.

필자가 초등학생 시절이었던 1980년대만 하더라도 집안에서 놀거리가 많지 않았습니다. 방과 후 집에 돌아오면 가방을 던져

놓고 동네 놀이터에 모여 축구뿐 아니라 술래잡기와 같은 다양한 신체놀이를 했었습니다. 등하교 때는 거의 모든 아이들이 걸어 다녔으며 자전거도 많이 타던 시절이었습니다. 필자가 시골 출신인가 생각하시는 분들도 있겠지만, 어린 시절 서울 도심지에 살았습니다. 서울 도심지였지만 스마트폰과 집에서 하는 온라인 게임이 없어 아이들이 밖에서 뛰어놀기 좋은 시대였던 것 같습니다.

자라나는 아이들이 움직이지 않으면 우선 뇌의 성장에 너무나 큰 문제가 됩니다. 성장기의 아이들은 어른과 비교하여 상당히 많이 움직여야 합니다.

세계적인 보행수 연구자인 튜더 로케Tudor-Locke 박사는 초등학생 남아의 경우 하루 13,000~15,000보, 여아의 경우 11,000~12,000보를 권장하고 있을 정도로 어른의 권장 걸음 수(성인의 경우 하루 10,000보, 건강한 노인의 경우 하루 7000~10,000보)에 비교하여 많게는 5,000보 이상 많은 것을 알 수 있습니다(Tudor-Locke et al., 2011a, 2011b, 2011c).

어린 아이들이 많이 움직이도록 유전적으로 설계된 것은 성장에 필요한 산소와 영양분을 충분히 공급하기 위한 것입니다. 땀을 흘리며 뛰어놀 때 심장에서 혈액을 힘차게 뿜어 주어 혈액 안의 산소와 영양분을 뇌에 충분히 공급해 주게 됩니다. 뇌 성장이 잘 이루어지면 집중력, 인지기능 및 정서발달까지 잘 이루어질 수 있습니다.

뇌의 성장에 필요한 능력, 신경가소성

스웨덴의 정신과 의사인 안데르스 한센Anders Hansen 박사는 우리가 움직이지 않으면 뇌에 어떠한 문제가 생기는지 수많은 글을 발표하며 최근 '두뇌는 왜 운동을 위해 만들어졌는가'라는 주제로 TED-x에서 강연한 뇌전문가입니다. 그가 출간한 〈뇌는 달리고 싶다〉라는 책을 보면, 왜 우리 아이들이 성장기에 신체활동을 활발히 해야 하는지에 대해 잘 기술되어 있습니다(안데르스 한센, 2019). 뇌의 기능이란 뇌세포의 양이나 크기로 결정되지는 않습니다. 아인슈타인의 뇌 무게는 일반 성인보다 100g이 가벼웠다고 합니다.

걷기 운동을 한 뒤 MRI로 뇌검사를 했더니 뇌 안의 여러 영역인 측두엽, 후두엽 및 전두엽 영역들이 서로 연결, 통합되며 뇌라는 기관 전체가 더욱 효율적으로 기능하게 되었다고 보고했습니다. 이 외에도 일회적인 신체활동뿐 아니라 장기적으로 신체활동을 시켰더니 아이들이 무언가를 실행하고 계획을 세우며 주의를 통제하는 인지기능이 개선된 것으로 수많은 연구 결과가 보고되고 있습니다(Joseph et al., 2016).

어릴 때는 뇌 안의 기능, 뇌 안의 영역 간의 연결성이 대단히 빠르기 때문에 무엇을 배우든지 학습속도가 굉장히 빠릅니다. 자라나는 아이들은 뇌의 다양한 조직에서 세포 사이의 정보 연결이 빠를 뿐 아니라 필요 없는 정보를 가지치기하는 능력도 어른에 비해 상당히 높다고 합니다. 이러한 뇌세포 간의 연결 및 정보의 가지치기의 속도 또한 어른에게서는 불가능할 정도로 빠르게 일어납니다.

이러한 유연성, 다시 말해서 뇌가 적응하고 변화하는 능력을 신경가소성neuroplasticity이라 하는데, 신경가소성은 뇌가 성장하는 단계에서 잘 만들어져야만 성인이 되어도 우리의 뇌를 최대한 기능적으로 사용할 수 있게 됩니다. 최근 신경가소성 연구가 활발히 이루어지고 있는데, **'신경가소성이 뛰어난 뇌로 만드는 데 신**

체활동만큼 효과적인 것이 없다'고 최근 브라질 연구팀이 인간과 동물 연구를 총망라한 체계적 고찰 논문을 통해 보고하였습니다(Matheus et al., 2020). 약간 땀이 나는 정도의 자전거 타기 운동을 30분만 하더라도 신경가소성에 영향을 미치는 데 충분하며, 걷기와 뛰기와 같은 유산소성 운동과 근력 운동을 함께 했을 때 신경가소성이 더욱 좋아지는 것으로 밝혀졌습니다(Matheus et al., 2020; Jacob et al., 2022).

신체활동의 저하로 뇌의 성장에 문제가 생기는 아이들

감마아미노뷰티르산Gamma-aminobutyric acid, GABA이라는 아미노산이 있는데, 이 GABA라는 물질은 주로 스트레스를 진정시키는 작용이나 혈압 강하 작용을 합니다. GABA는 항스트레스 작용에 의한 릴랙스 효과와 수면의 질을 높이는 작용도 주목을 받고 있는 성분입니다. 인간은 체내에서도 GABA를 생성할 수 있지만 스트레스의 증가와 함께 줄어들게 됩니다. 그런데 신체활동을 활발히 하면 GABA의 양이 증가하며 뇌의 활동을 활발하게 하고 결국 신경가소성이 증가합니다.

그래서 운동하는 사람의 뇌는 어린아이의 뇌처럼 사고가 유연하고, 세상이 돌아가는 지식과 내 지식에 연결성이 생기며 창의력을 발휘하게 됩니다. 뛰고 달리면 몸 안의 다양한 호르몬들이 분비되어 뇌의 신경가소성이 놀라운 정도로 증가합니다(C'iana Cooper et al., 2018).

반면에 아이들이 자라나는 시기에 신체활동을 안 하면 뇌의 성장을 충분히 못 한 채 성인기를 맞이해야 합니다. 움직이지 않는 것은 뇌의 성장에 치명적입니다. 그런데 움직이지 않아 뚱뚱해지면 이러한 뇌의 성장에 더욱 악영향을 줍니다(Alexis et al., 2008). 움직이지 않게 되면 점점 고열량 지방 음식과 고열량의 설탕 음식이 당기게 되는데 이러한 모든 부분이 한데 어우러져 학습과 기억을 담당하는 해마hippocampus의 성장에 악영향을 미치게 됩니다. 해마는 기억과 학습뿐 아니라 감정을 조절하는 컨트롤타워로 아이들이 성인이 되어 정상적인 사회생활을 하게 하는 데 너무나도 중요한 부분이라 할 수 있습니다.

움직이지 않아 정서발달에 문제가 생기는 아이들

활발히 움직이는 아이들은 주위 돌아가는 상황에 대한 판단이 빠르며 모든 일을 총명하고 현명하게 대처하는 뇌를 가질 수 있습니다. 이들은 무언가를 해결하기 위해 부지런히 움직이며 끊임없이 주위를 살피어 해결책을 찾습니다. 또래 아이들과의 신체활동을 통해 호기심과 주도성, 창의성을 키우게 됩니다. 뇌에서는 신체놀이 과정 속에서 끊임없이 새로운 신경 연결망을 발달시켜 두뇌의 가소성을 극대화시킵니다. 신체활동은 아이들의 정서발달에도 필수적인 역할을 합니다. 신체활동과 정서발달에 대해 좀 더 알아보도록 하겠습니다.

요즘 자라나는 아이들의 정서불안 문제가 심각합니다. 앞에서도 언급했듯이 너무나 많은 수의 청소년들이 우울감을 호소하고 있습니다. 우울감 원인 중 1위는 공부에 의한 극심한 스트레스라고 합니다. 그러나 어린 시절 자라나는 과정에서 우울감, 깊은 내면에서 올라오는 불안감을 이겨내는 스트레스 내성을 못 키운 것이 더 큰 원인으로 지목되고 있습니다.

어린 시절부터 공부 등 극심한 스트레스에 노출된 아이들은 그리 크지 않은 스트레스 상황에 노출이 되어도 보통 어린이들보다 스트레스 호르몬인 코르티솔을 더욱 많이 분비합니다. 사실 코르티솔 호르몬은 스트레스 상황이 닥치면 그것을 어떻게 대처할 것인지, 아님 회피해 버릴 것인지 그 상황을 잘 판단하고 집중하게 하는 고마운 호르몬입니다. 그러나 미처 마음이 잘 자라나지 않은 아이들이 자주 스트레스에 노출이 되면 코르티솔 호르몬이 과도하게 분비되는 상황이 발생합니다. 이러한 아이들의 특징은 크지 않은 스트레스 상황에서도 반응이 격렬해지며 총명하게 대처할 수 있는 통제력이 떨어지게 됩니다.

뛰어놀지 않는 아이는 스트레스 내성이 약해진다

스트레스 내성과 관련해서 뇌 안의 편도체amygdala라는 기관에 대해 알아보도록 하겠습니다.

스트레스 상황은 편도체라는 곳에서 인식하고 신호를 보내면 코르티솔 수치가 상승하게 됩니다. 코르티솔이 계속 상승하는 스트레스 상황이 계속되면 계속해서 편도체를 활성화시켜 더욱 더 강력하게 이 상황을 통제하려 합니다. 그러나 성장기에 있는 아이들에게는 이러한 부분에 대한 스트레스 내성이 약한 상태입니다. 아직 뇌가 성장하는 단계이고 어리기 때문이죠. 자라나는 어린아이에게 여러 극심한 스트레스 상황이 계속되면 편도체가 통제 불능 상태로 되어 비이성적인 행동을 하거나, 과도하게 분을 내며 심하게는 공황발작을 일으키게 됩니다.

그러나 우리 몸에는 해마와 같이 이러한 상태로 빠지지 않도록 제어하는 브레이크 페달이 존재합니다. 해마는 편도체가 스트레스 반응을 너무 심하게 끌어올리지 못하도록 균형잡는 역할을 합니다. 이러한 부분, 즉 편도체와 해마의 양 체계가 상황에 맞게 잘 조절되어야 어른이 되어서 화나는 일이 있더라도 분을 삭이며 감정을 조절하고 현명하게 대처할 수 있게 됩니다. 이것이 조절이 잘 안되면 스트레스 상황에서 이성을 잃고 폭발하여 본의 아니게 난동을 부리는 일이 발생하기도 합니다. 결과적으로 편도체와 해마의 균형 역할이 잘 발달하는 데에 너무나도 중요한 것은 성장기의 신체활동입니다.

아이들이 밖에서 뛰어놀고 오면 무언가 차분해진 것을 느끼시지 않았는지요?

자라나는 시기에 많이 뛰어논 아이들은 스트레스 내성이 강한 아이로 자라납니다. 신체활동을 많이 하면 스트레스에 과도하게 반응하지 않는 포용과 배려의 사람으로 자라나게 됩니다.

반대로 자라나는 시기에 과도한 스트레스는 해마의 크기마저 제대로 자라지 못하게 합니다. 계속 앉아 있는 아이, 몸을 움직이지 않는 아이의 해마도 제대로 성장하지 않습니다. 이러한 아이들은 성인이 되어서도 불안감이 높은 사람으로 자라날 가능성이 너무나도 큽니다. 세상을 살다 보면 모든 사람이 나를 좋아해 줄 수 없습니다. 언제나 자기를 싫어하고 비판하는 사람은 있습니다. 성인이 되어서도 주위 사람들의 눈치를 필요 이상으로 살피며 다 자기를 별로 좋아하지 않는다고 느끼는 불안과 우울에 빠진 사람이 늘고 있습니다. 경쟁사회에서 편도체가 질러대는 경보음에 해마가 제대로 작용을 못 하여 불안과 우울로 인간관계마저 회피하는 대인기피증이 요즘 너무나도 심각합니다.

자라날 때 활발한 신체활동은 코르티솔 호르몬의 과도한 분비를 줄여 줍니다. 이뿐만이 아닙니다. **다시 한번 강조하지만 해마의 성장에 신체활동만큼 중요한 것은 없습니다.** 유명한 과학저술자인 칼 세이건은 이렇게 말했습니다.

> 몸을 별로 움직이지 않은 삶은 그 편안함에도 불구하고 우리를 불안정하고 초조한 상태로 만든다.

전 세계의 교도소 수감자들도 하루에 최소 한 시간 이상 실외에서 신체활동하는 시간을 갖게 한다고 합니다. 그렇지 않으면 스트레스로 인해 싸움이 잦아지고, 심하면 폭동이 일어날 것을 알기 때문입니다. 과하게 얘기하면 오늘날 우리 아이들은 교도소에 있는 범죄자보다 적은 실외 신체활동 시간을 보내고 있는 것 같습니다.

여러분의 아이가 주위 사람들을 배려하는 리더, 주위 사람을 포용하며 끌고 가는 품격 있는 리더가 되길 바라십니까?

자라나는 성장기에는 최대한 공부 스트레스를 줄여 주고 밖에서 뛰어놀게 도와주어야 합니다. 이것은 너무나도 중요한 마음의 건강 토양을 만드는 비결입니다.

움직이지 않으면 뇌, 심장, 근육에 문제가 생긴다

아이들이 움직이지 않게 되면 근육 세포에 있는 에너지 대사 엔진, 즉 음식으로 섭취한 탄수화물, 지방, 단백질의 영양소를 에너지화하는 에너지시스템의 효율이 떨어집니다. 몸을 움직이지 않으니 몸은 그 상태에 맞춰 에너지를 잘 안 쓰는 상태, 즉 엔진의 효율성이 떨어지고 엔진이 노후화되는 상태로 바뀌게 됩니다. 이러한 몸, 이러한 대사 엔진에 고열량의 음식 연료가 너무도 많이 그리고 자주 들어오다 보니 근육 세포의 에너지 대사 엔진은 그 과도한 에너지들을 잘 처리하지 못하게 됩니다.

에너지 대사 처리가 잘 안 되면 비만을 유발할 뿐 아니라, 몸 안에 남은 찌꺼기가 염증 물질을 만들어 내어 각종 대사질환을 유발시킵니다. 움직이지 않으니 심장이 약해져 근육과 여러 장기 등 몸속 구석구석에 산소와 영양분을 잘 보내지 못하는 몸이 됩니다. 약해진 심장은 뇌에도 산소와 영양분을 제대로 못 보내게 되어 뇌의 성장에 악영향을 미칩니다. 하도 움직이지 않으니 심장과 혈압을 끌어올려 어떻게든 뇌와 각 조직에 산소와 영양분을 보내려 발버둥 칩니다. 이것이 요즘 성장기 비만 아이들에게도 급증하고 있는 고혈압 질환입니다.

이 상태로 성인이 되면 문제가 정말 심각하게 됩니다. 우리 아이들은 땀을 흘리며 뛰고 또 뛰고 또 뛰어놀아야 합니다. 심장이 쿵쿵 박동하여 힘차게 혈액을 돌리고, 모세혈관을 몸의 구석구석까지 많이 만들고 산소와 영양분을 보내어 뇌와 각 말초 기관들이 튼튼하게 자라나야 합니다. 몸을 많이 움직이면 근육 세포의 에너지시스템 엔진의 효율이 높아집니다. 즉 섭취한 영양분을 에너지화하는 몸으로 바뀌게 된다는 의미입니다.

반대로 에너지시스템 엔진이 제대로 작동하지 못하면 섭취한 탄수화물을 세포가 제대로 흡수하지 못하여 혈액 속에 당glucose이 둥둥 떠다니다 몸에 각종 피해를 주고 많은 당이 소변으로 배출됩니다. 이것이 당뇨병입니다.

건강을 해치는 문명 사회의 거대한 파도 앞에서 신체활동량이 줄어든 우리 아이들의 몸은 섭취한 음식들을 제대로 에너지화시키지 못하는 병적인 몸으로 변하고 있습니다. 이러한 상태에서 성인이 되면 당뇨병과 같은 대사 질환에 걸릴 확률이 높아질 것은 너무나 뻔합니다. 아이들을 뛰어놀게 해 주어야 합니다. 아이들에게 신나게 운동할 수 있는 기회를 풍요롭게 제공해 주어야 합니다. 건강한 몸과 마음의 체력을 갖춘 아이들은 공부가 정말 필요한 고등학교 시기에 자기의 목표를 성취하는 아이로 자라나게 될 것입니다.

몸과 마음 성장의 필수 조건, 헉헉거리고 땀을 흘리는 중강도 이상의 신체활동이 사라지고 있다

평생건강의 핵심인 '심장'을 튼튼하게 하는 데에는 중강도 이상의 운동이 필요합니다. 혈액 순환이 안 되면 만병을 불러온다고 하지요. 그래서 혈액순환이 잘 되는 각종 영양보조제를 드시기도 합니다.

그러나 심장이 약한 상태에서는 그러한 영양보조제만으로 절대로 혈액 순환이 개선될 수 없습니다. 심장이 튼튼해서 혈액을 힘차게 뿜어 주어야 혈액 순환이 제대로 되기 때문입니다. 심장은 근육으로 되어 있어 헉헉거리고 기분 좋게 땀이 나는 중강도 이상의 신체활동을 해주어야 단련이 됩니다.

'중강도 이상'의 운동 강도가 무엇을 의미할까요?

중강도 이상의 운동이란 쉽게 얘기해서 가만히 아무것도 안 하고 있을 때 쓰는 기초대사 에너지(세포 안의 대사, 체온 유지 등)의 3배 이상의 에너지를 쓸 때를 의미합니다. 중강도 이상의 운동은 심장으로부터의 강력한 혈액 흐름을 만듭니다. 중강도 이상의 운동 중 빨리 걷기를 10분 이상 하다 보면 몸이 슬슬 더워집니다. 팔을 힘차게 휘저으며 다리를 쫘악쫘악 벌려가며 걷다 보면 땀이 나기 시작합니다. 약간 헉헉거리고 살짝 땀이 맺히는 정도가 중강도라면, 굉장히 헉헉거리고 땀이 많이 흐르며 심장이 쿵쿵 뛰는 게 느껴질 정도의 빨리 달리기 및 가파른 곳을 올라가는 등산과 같은 운동이 고강도라 할 수 있습니다. 고강도는 기초대사 에너지의 6배 이상 쓸 때를 의미합니다.

운동으로 인해 심장에서 혈액을 힘차게 내뿜어 줄 때 그 혈액의 강력한 흐름shear stress은 혈관을 생성시킵니다. 심장에서 대동맥, 그리고 소동맥으로, 소동맥에서 무수한 모세혈관으로 퍼져나가 뇌뿐만 아니라 우리 장기 곳곳의 세포에 산소와 영양분을 공급합니다. 이때 중요한 모세혈관이 생성되며 그 모세혈관이 심장에서 가장 먼 부분의 모든 세포로 뻗어 나가는 힘은 중강도 이상의 운동으로 인한 심장의 파워에서 만들어집니다.

반대로 강도 높은 신체활동을 하지 않으면 심장으로부터의 강력한 혈액 흐름도 없어질 뿐 아니라 몸의 제일 끝에 있는 모세혈관, 즉 피부, 안구, 발끝 등의 모세혈관이 없어져 말단 조직의 세포들이 괴사하게 됩니다. 당연히 뇌에도 필요한 산소와 영양분을 제대로 공급하지 못 하게 됩니다. 우리 아이들에게 절대적으로 필요한 것이 중강도 이상의 신체활동입니다.

지방을 태우는 체질, 중강도 이상의 유산소성 운동이 필수

이번에는 '유산소성 운동aerobic exercise'이라는 개념에 대해 설명해 드리겠습니다. 자라나는 아이들은 '중강도 이상의 유산소성 운동'을 최대한으로 해야 합니다. 예를 들어, 걷기와 뛰기와 같은 운동을 연속적으로 하게 되면 몸에서는 운동 중 호흡으로 들여 마신 산소를 활용해서 몸 안에 저장되어 있는 탄수화물, 지방 및 단백질 에너지를 아데노신 삼인산Adenosine triphosphate, ATP이라는 에너지 형태로 변환시키게 됩니다. 이렇게 만들어진 ATP는 몸을 움직이고 열을 내며 운동에 필요한 물리적 에너지 및 화학에너지로 사용하게 되는 것입니다.

중강도 수준의 걷기와 뛰기 같은 운동을 10분 이상 연속적으로 하면 탄수화물보다는 지방에너지를 더욱 태우게 됩니다. 20분, 30분으로 운동시간이 점점 길어질수록 지방에너지를 더욱

더 태우게 됩니다. 이를 '유산소성 에너지시스템'이라 부릅니다.

유산소성 운동을 중강도 이상으로 꾸준히 하게 되면 세포 안의 미토콘드리아mitochondria라는 기관이 생합성되어 탄수화물보다는 지방 에너지를 더욱 많이 ATP로 바꾸는 몸이 됩니다. 즉 중강도 이상의 유산소성 운동을 최소 4주 이상 꾸준히 하면 일상생활에서 신체활동을 할 때에도 몸 안에서 지방을 더욱더 '효율적'으로 태우는 몸으로 바뀝니다.

운동으로 인해 미토콘드리아에서 ATP를 많이 만들어 내면, **'ATP를 만들어 낸 만큼 열heat을 발생'**시키게 됩니다. 요즘 아이들의 체온 저하 현상이 심각합니다. 체온 저하는 면역기능을 약화시키는 주범입니다. 운동을 하면 더워집니다. 열이 발생하여 땀을 내게 합니다. 운동하는 가운데에 ATP를 많이 만들어 냈기 때문입니다. 성인들도 일상생활의 신체활동량이 저하되면 몸 안에 저장된 에너지를 ATP로 만드는 양이 적어지며 몸 안의 체온이 떨어지게 됩니다. 그 결과 면역기능이 약화되며 암 및 각종 대사질환을 유발하게 됩니다. 미토콘드리아는 장수유전자로 불립니다. 중강도 이상의 유산소성 운동은 미토콘드리아의 수와 질을 올리는 데에 필수입니다. 성인이 되어서도 체온을 떨어뜨리지 않고 튼튼한 체력을 유지하기 위해서는 땀을 내며 헉헉거리는 중강도 이상의 유산소성 운동을 하는 것이 필수적입니다. ATP, 미토콘드리아 등 운동생화학exercise biochemistry 용어들이 조금 어렵게 느끼실 것 같습니다. 우리 아이들의 건강에 정말 중요한 내용이니 왜 '강도 높은 신체활동'이 필요한지에 대해 조금 더 그 이유를 설명드리겠습니다.

고강도의 무산소성 운동이 대사 엔진을 튼튼하게 한다

우리 몸의 에너지 대사 엔진은 중강도에서 고강도로 가면 갈수록 지방보다는 탄수화물 에너지를 많이 씁니다. 운동 강도가 높아질수록 탄수화물을 산소oxygen 없이 ATP로 만드는 비율이 높아지기 때문입니다.• 이러한 무산소성 운동은 많이 하면 탄수화물도 효과적으로 태울 뿐 아니라 단백질 대사 엔진까지 활성화되어 근육까지 튼튼해집니다. 따라서 **'우리 아이들에게 중강도뿐 아니라 고강도 신체활동도 필요'**하며 우리 몸의 탄수화물, 지방, 단백질의 세 대사 엔진이 모두 튼튼해지는 효과를 가져 옵니다.

• 무산소성 해당과정은 탄수화물 에너지를 호흡하는 산소를 사용하지 않고 ATP를 재합성하는 것을 의미. 강도가 높아질수록 산소 없이 탄수화물을 ATP 에너지로 바꾸는 비율이 높아짐.

우리 아이들에게 대표적인 유, 무산소성 운동은 축구와 농구와 같은 구기 운동입니다. 걷기도 하며, 굉장히 빠른 속도로 뛰기도 하고, 하체뿐 아니라 상체도 씁니다. 운동을 하며 심장에서 뿜어져 나오는 혈액과 산소를 뇌에까지 힘차게 전달해 줄 뿐 아니라, 시합을 하며 패스를 하고 주변을 살피며 뇌의 여러 기능을 쓰며 뇌와 몸의 협응성 발달에 상당히 중요한 역할을 합니다.

구기 운동만큼 좋은 것은 신체놀이입니다. 가령 '경찰과 도둑'처럼 많이 뛰며 도둑을 잡는 운동을 하면, 아이들은 숨이 턱에 찰 만큼 고강도로 뛰기도 하고 때로는 멈추기도 합니다. 아이들은 신체놀이를 하며 깔깔거리고 신나게 뛰어놉니다. 요즘 이러한 고강도의 신체놀이가 사라지고 있어 우리 아이들의 심장과 근육, 그리고 뇌의 성장에 문제가 생기고 있습니다. 강도 높은 신체활동의 시간과 환경을 이제는 우리 아이들에게 만들어 주어야 합니다.

아이들이 비만이어서 걱정하시는 부모님들이 많이 계십니다. 그나마 걱정하시는 부모님은 건강 지식이 있으신 부모님입니다. **비만을 예방하며 치료하기 위해서 필수적인 것은 중강도 이상의 신체활동입니다.** 중강도 이상의 신체활동은 혈액 속의 당, 혈당을 내리는 기능을 합니다. 마치 탄수화물 음식을 먹으면 췌장에서 분비된 인슐린이 혈당을 내리는 것처럼 말이죠. 인슐린은 혈중에 당을 세포 속으로 흡수하게 하는 호르몬입니다.

혈당을 내리는 호르몬은 인슐린이 유일합니다. 그러나 신체활동은 인슐린 분비와 상관없이 혈당을 내리는 기능, 즉 세포 속으로 당(포도당)을 빠르게 흡수하게 하는 기능을 합니다. 예를 들어 아이들이 축구를 한다면, 그 운동은 중강도 이상의 신체활동이기에 몸속에 저장된 탄수화물(글리코겐)을 포도당으로 분해 후 근육 세포에 흡수하여 쓰게 됩니다.• 예를 들어, 운동을 하고 탄수화물 음식을 먹으면 운동을 하지 않았을 때보다 훨씬 더 적은 인슐린만으로도 근육 세포로 포도당을 흡수하게 됩니다. 운동의 효과가 계속 살아 있기 때문입니다.

그러나 반대로 신체활동을 전혀 안 하면서 과도하고 빈번하게 음식을 먹으면, 계속해서 많이 들어오는 탄수화물을 처리하기 위하여 인슐린이 많이, 그리고 빈번히 분비하게 됩니다. **'신체**

• 포도당은 근육 세포에 흡수될 때 인슐린 호르몬을 사용하지 않습니다. 인슐린과 상관없이 운동이라는 자극이 중강도에서 강도가 올라가면 갈수록 많은 탄수화물을 근육 세포에 흡수하여 ATP에너지로 변환하여 쓰게 됩니다.

활동을 전혀 안할 때 분비되는 인슐린은 지방을 합성하는 호르몬으로 활동'합니다. 그래서 중강도 이상의 신체활동을 하지 않으면서, 높은 칼로리의 음식을 먹으며 설탕이 잔뜩 든 식품, 즉 인슐린을 많이 분비시키는 식품을 먹으면 급속도로 살이 찌게 됩니다.

문제는 이러한 상태가 계속되면 탄수화물 음식을 먹을 때 인슐린 분비를 하여도 세포에서 포도당을 잘 흡수하지 못하는 상태, 즉 **인슐린 저항성 상태**로 변하게 됩니다. 인슐린 저항성 상태에서는 몸에서 어떻게든 혈중의 당을 떨어뜨리려 더 많은 인슐린을 분비하게 됩니다. 이렇게 분비된 많은 인슐린과 계속 들어오는 음식은 살을 더욱더 찌게 만들고 비만도는 더욱 증가하는 악순환의 늪에 빠지게 합니다.

운동을 통해 분비되는 호르몬은 성장과 질병 예방을 한다

중강도 이상의 신체활동의 유익한 점은 이뿐만이 아닙니다. 운동을 포함한 중강도 이상의 신체활동은 몸 안에서 좋은 호르몬을 많이 만들어 냅니다. 한 가지 예를 들자면, 운동을 할 때 근육에서

〈운동 시 근육에서 나오는 호르몬들〉

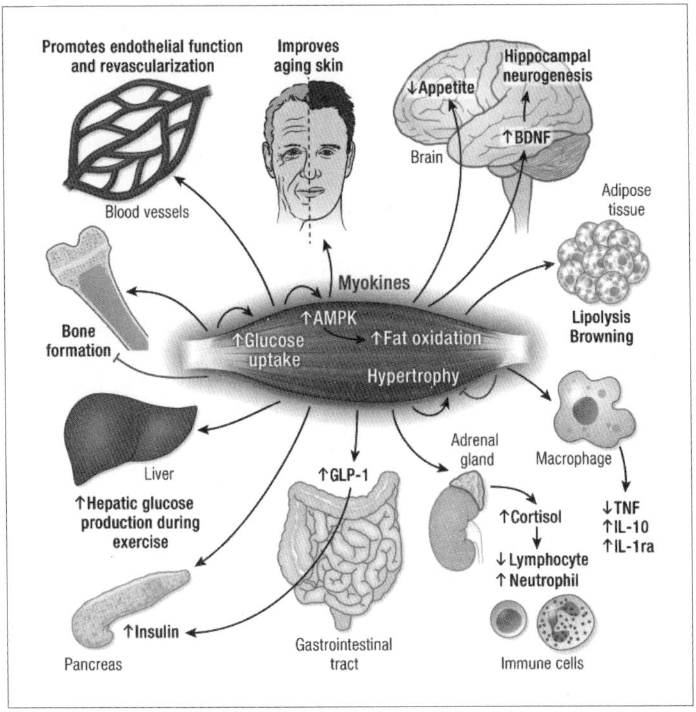

(출처: Severinsen and Pedersen, 2020)

아이리신irisin이라는 호르몬이 분비됩니다. 이 호르몬은 당대사를 조절하고 지방을 태우며 특히 뇌의 신경을 만들고 재생시키며 심지어 해마의 성장에도 큰 역할을 합니다(Chen et al, 2016).

이뿐 아니라 운동은 암을 유발하는 인자를 직접적으로 제어하는 최고의 항암 작용의 역할을 합니다(Thomas et al., 2017). 운동을 하면 다음의 그림에서와 같이 수많은 호르몬이 근육에서 생성되어 몸 안의 건강을 지키며 적절한 성장을 할 수 있도록 도움을 줍니다. 이러한 호르몬들은 운동을 했을 때만 근육에서 나오는 호르몬입니다. 건강하게 자라기 위해서 아이들은 근육을 부지런하게 움직여 주어야 합니다.

중강도 이상의 운동은 장내미생물 환경에 도움을 준다

중강도 이상의 운동이 아이들의 건강에 절대적인 영향을 미치는 또 다른 이유는 장 건강에 큰 도움을 준다는 점에 있습니다. 운동은 장내미생물 환경에도 큰 영향을 미칩니다. 현대의학의 창시자이며 생활 습관에 의한 질병 발생 이론을 설파한 히포크라테스는 '모든 질병은 장에서부터 비롯된다'고 할 만큼 장의 관리가 건강에 얼마나 중요한지 강조하고 있습니다.

최근 많은 연구를 통해 건강한 사람의 장내미생물과 특정 질병을 가진 사람의 장내미생물은 차이가 있음이 밝혀지고 있습니다. 비만과 암 및 다양한 질환들이 장내미생물과 연관되어 있음이 밝혀져 요즘 장내미생물 관련 연구가 세계적인 관심 주제이기도 합니다(Singh et al., 2017; de Vos et al., 2022).

장내미생물은 우리 몸속 미생물의 대부분을 차지하는데 많게는 1만 종 이상 존재한다고 보고되고 있으며 사람 세포 수를 100조 개로 본다면 그보다 10배 이상 많은 세포를 가지고 있을 정도로 장 안의 미생물 세계는 정말 거대한 세계입니다. 장내미생물은 유익균과 유해균의 균형에 의해 건강에 영향을 미칩니다. 유해균이 장내미생물의 환경을 지배하면 면역력이 떨어지고 장내 독소들이 혈관으로 흘러 들어가는 등 많은 악영향을 주게 됩니다.

장은 제2의 뇌라고 불릴 만큼 장 건강이 안 좋아지면 우울감 및 피로 등 정서적 발달에도 문제를 일으킵니다. 장내미생물의 환경에는 운동이 너무나도 큰 영향을 미칩니다. 운동 중에서도 빠른 걷기 및 달리기가 포함된 중강도 이상의 유산소 운동은 장내미생물 환경을 좋게 하는 데 큰 역할을 한다고 보고되었습니다(Campaniello et al., 2022). 예를 들어, 운동에 의해 장내 박테로이디즈Bacteroides 수치가 낮아지는데 이는 비만 및 대사 증후군을 억제하는 역할을 합니다.

이 책의 뒷부분에서는 가공식품이 장내미생물 환경에 얼마나 안 좋은 영향을 미치는지에 대해 이야기하겠습니다. 신체활동을 거의 안 하는 아이들은 다음과 같이 장내미생물 환경이 안 좋아져 성인이 되어 건강에 큰 영향을 미칠 가능성이 존재합니다.

첫째, 음식물을 섭취하면 외부 항원이 장 점막을 통해 유입됩니다. 장 점막의 외부층에 주로 분포하는 장내미생물이 음식물에 포함된 미생물에 대한 일차적인 방어기능을 담당하면서 신속하고 강력하게 면역반응을 일으킵니다. 이래서 장건강이 면역기능에 가장 중요하다고 하는 것입니다. 그러나 신체활동을 안 하면 이러한 기능을 담당하는 장내미생물의 수와 기능이 떨어지게 됩니다.

둘째, 장내미생물은 비타민, 엽산, 단쇄 지방산 등 필수적인 영양소를 공급하는 역할을 하며 쓸개즙과 같은 소화효소와 같은 부분에도 관여합니다. 땀 흘리는 유산소 운동을 하면 장의 기능이 놀라울 정도로 좋아집니다. 약간의 스트레스에 의해 속이 안 좋아지는 과민성대장증후군을 가진 아이들에게 땀을 흘리는 유산소성 운동을 시켜 보시면 장의 기능이 좋아지며 스트레스 대응 능력도 길러집니다. 장내미생물의 세계는 정말 복잡하고 거대합니다. 그러나 확실한 것은 **중강도 이상의 신체활동이 장내미생물의 질서 유지에 반드시 필요한 필수 조건**이라는 것입니다. 장이 안 좋으면 뇌에 영향을 미쳐 짜증이 늘며 화를 잘 내는 아이로 자라나게 됩니다.

인터넷 및 대중 매체의 발달로 인해 우리 아이들을 자꾸만 실내에서 하는 놀이, 즉 스마트폰 사용 및 TV 시청, 온라인 게임으로 몰고 가고 있어 실외에서의 신체활동이 사라져 가고 있습니다. 어떻게든 아이들에게 신체활동을 할 수 있는 시간과 환경을 마련해 주어야 합니다. 스마트폰과 온라인 게임에 이 모든 것을 빼앗기고 있는 심각한 현실을 바라보며, 우리 아이들에게 뛰고 또 뛰게 하여 뇌와 심장, 근육 그리고 장내미생물 환경 등 건강한 토양을 만들어 줘야 합니다.

신체활동은 공부력을 향상시킨다

신체활동이 학업성취도를 향상시킨다는 연구 결과가 많이 쏟아져 나오고 있습니다. 요즘 전 세계적으로 아이들의 신체활동량이 줄어들고 있어 관련 연구가 더욱더 많이 나오고 있는 것 같습니다. 네덜란드 그로닝겐 대학교University of Groningen, 인간 운동 과학 센터의 요하네스 W. 드 그리프 교수Professor Johannes W. 연구팀은 사춘기 이전 아동(6-12세)의 실행 기능, 주의력 및 학업 수행의 여러 영역에 대해 신체활동이 어떠한 영향을 미치는지 조사하였습니다.• 그 결과 사춘기 전 아동에 있어서 신체활동은 실행기능, 주의력, 학업수행을 높이는 것으로 보고되었습니다. 신체활동은 일회적으로 하여도 통계적으로 유의미한 효과가 있는 것으로 나타났습니다.

특히 장기간에 걸쳐 지속적으로 규칙적인 신체 활동을 실행했을 경우 실행 기능, 주의력 및 학업 수행에 가장 큰 긍정적인 효과가 나타나는 것으로 보고되었습니다. 앞서도 잠깐 언급했듯이 〈운동화 신은 뇌〉의 첫 장에서는 체육수업의 놀라운 효과를 이야기해 주고 있습니다. 미국 일리노이주 네이퍼빌 203학군의 학교에서는 0교시 체육수업을 도입한 이후 성적이 놀라울 정도로 향상되어 미국의 다른 주뿐 아니라 전세계에서 '0교시 체육수업'이 큰 이슈가 되었습니다. 우리나라에서도 2010년 초반부

• 중재 연구(Intervention study)에 대한 체계적인 검토 및 메타 분석(systematic review and meta-analysis)을 실시. 본 연구 목적의 기준에 맞는 체계적인 논문 수집 방법에 의해 총 31개의 논문을 최종 선별하여 '실행 기능, 주의력 및 학업 수행의 여러 영역에 대해 신체 활동이 미치는 영향'에 대해 정량적 분석을 실시.

터 0교시 체육수업의 효과성 연구가 쏟아져 나오기 시작했으며 2024년에는 부산의 초등학교에서 0교시 체육을 시행하기로 하는 등 신체활동량을 늘리기 위한 학교 차원에서의 노력이 끊이지 않고 있습니다.

그러나 우리나라 현실은 초등학교 저학년에는 체육이 교과로 들어가 있지도 않을 뿐더러 고학년이 되어도 일주일에 체육시간은 고작 3시간에 불과합니다. 온종일 뛰어놀아야 할 아이들이 학교에서도, 방과 후에도 신체활동의 기회를 박탈당하는 현실에 있습니다. 미국 네브래스카주에서는 12,000명에 가까운 어린이들을 대상으로 체력과 학력과의 관계를 조사했습니다. 다른 연구들은 대부분 몇 백명 수준에서의 연구가 이루어졌는데, 이번 연구는 12,000명이라는 거대한 표본을 가지고 체력이 강한 아이, 즉 몸이 튼튼한 아이가 그렇지 못한 아이들보다 성적이 높다는 것을 확인했습니다. 또한 학습에 관련된 복잡한 검사일수록 튼튼한 아동과 튼튼하지 못한 아동의 차이가 더 벌어졌다고 합니다(안데르스 한센, 2019).

체력이 좋은 아이들은 운동을 하거나 신체활동이 활발한 아이들이었는데 운동을 하면 어떻게 학업 성적이 올라가는 데 도움이 되는 것일까요?

너무나도 다양한 메카니즘이 존재하지만, 뇌유래신경영양인자인 BDNFBrain-Derived Neurotrophic Factor의 역할에 대해 간단히 설명해 드리도록 하겠습니다. BDNF는 신체활동이 많아질수록 증가하는 호르몬입니다(Di Liegro et al., 2019).• 성장기 아이들에게 BDNF가 중요한 이유는 해마의 성장에 결정적인 역할을 하기 때문입니다(Camuso et al., 2022). 자라나는 시기에 신체활동이 너무나 저하되어 BDNF 발현 및 신호 전달의 조절에 장애가 일어나면 해마 등의 뇌기관의 신경 성숙 저하를 초래할 수 있습니다(Camuso et al., 2022).

성장기에 뇌기관의 신경이 제대로 자라나지 못하면 자폐 스펙트럼 장애와 같은 여러 신경 발달 질환이 발생하게 되는데 요즘 자라나는 아이들에게 장애 발생률이 증가하고 있습니다. 해마는 기억과 학습을 관장하며 새로운 사실을 학습하는데, 해마가 제대로 역할을 못 하면 새로운 정보를 기억하는 데 어려움

• BDNF는 뇌의 중추신경계에서 신경세포 생존과 분화뿐만 아니라 신경조절기능 인자로의 역할, 즉 시냅스전달(synaptic transmission)과 시냅스 가소성(synapse plasticity)의 분자 기전에도 역할을 하는 핵심 호르몬.

을 겪게 됩니다. 심지어 임산부가 운동을 하면 태아의 뇌발달에 도움을 줄 정도입니다(Gomes and Arida, 2015). 성장기 아이들에게 신체활동은 다음과 같은 부분에 큰 효과를 나타냅니다(Gomes and Arida, 2015).

- 읽기 및 이해력 향상
- 작업에 대한 주의력 및 결과 향상
- 신경영양 인자 및 신경 발생 증가
- 신경 회로 생성
- 성인이 되었을 때 신경계 질환 위험 감소

아이들이 축구와 같은 운동을 실컷 하고 돌아왔을 경우를 생각해 봅시다. 운동은 체력을 써 버리는 것이 아니라 장기적으로 오히려 체력을 올리게 합니다. 기분 좋게 땀을 내는 중강도 이상의 유산소성 운동은 하루를 더욱 집중하고 평안하게 만드는 힘이 있습니다. 아이들은 뛰어놀며 땀을 배출하고 소리 지르며 발산을 해야 합니다. 이렇게 성장한 아이들은 고등학생이 되었을 때 공부에 더 잘 집중할 수 있게 됩니다. 그러나 신체활동의 저하로 뇌와 근육의 상태가 안 좋은 아이들은 집중도가 떨어지며 계속해서 눕고만 싶어지는 몸으로 점점 바뀝니다.

동료 교수들 중 미국에서 유학하다가 아기를 낳고 한국으로 돌아오시는 분들이 계십니다. 미국에서 아이들을 키우다 한국의 초등학교에 보낸 그 부모님들은 처음에 많은 혼란을 느낀다고 얘기합니다. 그 이유는 미국 초등교육 과정에서는 아이들이 신나게 노는 것과 운동하는 시간이 많은데 한국에 오면 과도한 경쟁 속에서 아이들이 뛰어놀거나 운동을 할 수 있는 시간과 기회가 적어 신체활동량이 너무 부족하지 않을까 걱정하는 것입니다. 미국도 고등과정에 올라가면 대학진학을 위해 여러 활동을 하며 노력하는 시간이 증가하지만, 초등과정부터 과도한 학습에 매달리지는 않습니다.

> '남들은 초등학생 때부터 선행학습으로 이 학원 저 학원 보내는데 우리 아이만 놀리기에는 뭔가 불안해요….'

이렇게 말씀하시는 것 잘 이해됩니다. 그러나 저는 자신 있게 말씀드릴 수 있습니다. 성장이 급속도로 이루어지는 초등학생 및 중학생이라면 될 수 있는 한 많이 뛰어놀게 하는 것이 최고라고 단언할 수 있습니다. '공부를 시키지 않고 무조건 놀리자'는 이야기는 아닙니다. 어린 나이에 산수를 좀 못하고 영어단어를 좀 더 못 외우더라도 자라나는 시기에 최고의 뇌와 심장, 근육을 만들어 주면 이후 튼튼한 몸과 마음의 체력을 가지고 공부에 매진하게 될 것입니다. 성장기에는 땀을 흘리고 부지런히 신체활동을 하며 건강의 토양을 다지는 시간을 반드시 마련해 주어야 합니다.

뛰어놀지 않아 성조숙증에 걸리며 키가 제대로 자라지 않는 아이들

이번 장에서는 신체활동과 키 크기에 대해 언급하려고 합니다. 키가 크지 않다고 해서 리더의 자격에서 멀어지는 것은 아닙니다. 주위의 정치인들을 보면 키는 작아도 다부진 사람들이 충분히 제 역할을 다하는 것을 봅니다. 키가 크지 않아도 부모의 사랑 안에서 성장기에 잘 뛰며 잘 먹고 잘 잔 아이들은 마음이 튼튼한 아이, 자존감 높은 아이로 자랄 수 있습니다. 그러나 아이들이 자라나면서 키가 크는 성장의 골든타임에 제대로 크지 못하면 마음속의 위축이 일어나며 열등감이 자라날 가능성이 존재합니다. 민감한 나이이기 때문에 자꾸 남의 키와 비교하는 버릇이 생기기도 합니다. 비교의식이 강해지면 항상 자신의 내부에 강점을 바라보며 행복해하기보다는, 계속된 비교의식에 불만족이 생기며 위축감이 증폭되고 자존감이 떨어지는 아이로 자라기도 합니다.

이전 어른들에 비해 요즘 아이들은 키가 정말 많이 커진 것 같습니다. 옛날 어른들은 많이 움직였지만 정작 키 크는 중요한 시기에 충분한 영양이 공급되지 않아 시기를 놓치신 분들이 많습니다. 키는 물론 유전적인 요인이 존재합니다. 나머지는 운동, 영양, 수면과 같은 생활 습관 관련한 요인에 영향을 받습니다. 부모의 키가 작다고 해도 최대한 노력하면 작은 키를 조금이라도 더 극복할 수 있습니다. 반대로 부모님의 키가 크더라도 성장의 골든타임을 놓치면 커야 할 키가 다 못 크고 성장이 멈출 수도 있습니다. 그러나 요즘 아이들은 너무나 신체활동을 안 하기 때문에 성장판 자극이 제대로 안 된 아이가 많습니다.

중강도 이상의 신체활동은 우선 뼈를 튼튼하게 자라게 합니다. 이것뿐 아니라 뼈의 재료가 되는 칼슘의 흡수력을 높입니다. 특히 줄넘기, 농구 및 배구와 같은 위, 아래로 점프를 많이 하는 수직운동은 뼈가 굵어지는 것뿐 아니라 뼈가 길게 자라는 데 최고의 운동입니다. 중강도 이상의 운동은 성장 호르몬의 분비를 자극하는 최고의 자극제입니다. 성장 호르몬은 뼈와 근육의 발달뿐 아니라 잠자는 동안 몸을 회복하는 필수적인 호르몬입니다. 이러한 성장 호르몬이 뿜어져 나오게 하는 비결은 땀을 흘리며 신나게 뛰노는 신체활동입니다. 필자의 키는 175cm로 그리 크지도 않고 작지도 않은 수준입니다. 부모님의 키는 그리 작지 않으셨는데 저자는 초등학생 때부터 고등학교 1학년까지 반에서 키가 제일 작았습니다.

'아…언제 한 번 뒷 줄에 앉아 보나….'

고1 때 키가 153cm였으니 지나가던 초등학생 여자아이보다도 제가 더 작은 경우가 많아 참으로 열등감에 시달리던 시절이었습니다. 그러나 너무나 운이 좋게도 고등학교 1학년 때의 친한 친구들이 다 농구를 좋아했습니다. 그 친구들과 고3 때까지 점심시간 및 방과 후 등 거의 매일 농구를 한 것 같습니다. 고 1 여름 정도 때부터 키가 한 달에 1cm씩 크기 시작했습니다. 고 3이 되니 키가 175cm까지 자라 있었습니다. 고3 때 밀린 공부한다고 운동시간이 거의 줄어들고 독서실에서 새벽까지 있으며 잠을 못 자는 나날이 계속되며 성장이 멈췄습니다. 보통 아이들의 폭발적인 성장기는 고등학교 이전입니다. 마음껏 뛰어놀고 운동할 수 있는 골든타임인 중학교 때 키가 클 수 있는 신체활동의 시간을 최대한 확보해 주는 것이 중요합니다.

앞에서도 우리나라 아이들 성조숙증 유병률이 급속도로 증가하고 있다는 이야기를 했습니다. 운동부족과 영양과잉으로 인한 과도한 지방 축적은 성조숙증의 가장 큰 원인으로 지목되고 있습니다. 이 성조숙증은 아이들의 스마트폰 사용으로 장시간 신체활동을 안 할 때 더욱 심각해집니다. 운동 부족으로 지방을 태우는 엔진인 몸이 다 노후화되어 쏟아져 들어오는 고열량을 감당 못하고 초등학생의 어린 나이에 성조숙증이 발병합니다. 초등학생 입학 전 및 저학년의 너무나 이른 시기에 성조숙증이 나타나면 정작 자랄 수 있는 골든타임에 성 호르몬의 과대 분비로 키가 못 크게 됩니다. 스트레스와 스마트폰과 같은 온라인 매체의 장기 사용으로 인한 신체활동의 저하로, 비만한 아이들뿐만이 아니라 마른 아이들도 성조숙증에 걸리는 비율이 증가하고 있다고 합니다. 이제는 제발 스마트폰을 좀 내려놓고 밖에서 뛰어놀 수 있게 해줘야 합니다.

땀을 흘리는 운동 자체가 낮시간의 세로토닌 호르몬 분비를 증가시킵니다. 낮에 세로토닌이 제대로 분비를 못하면 그만큼 수면 호르몬인 멜라토닌 분비도 줄어들게 됩니다. 문제는 멜라토닌의 저하는 수면을 방해할 뿐 아니라 성 호르몬 분비를 억제하지 못하여 성조숙증을 가속화시킨다는 것입니다. 이른 나이에 성조숙증을 막기 위해서는 멜라토닌 분비를 극대화시켜 성조숙증을 유발하는 성 호르몬을 억제시키는 것이 최선의 방법입니다.

자라나는 아이들에게 밖에서 뛰어노는 것은 필수입니다. 정상적인 아이들이라면 겨울이 되어 체감온도가 마이너스 10도 밑으로 내려가도 밖에서 뛰어놀아야 합니다. 하지만 신체활동이 부족하게 되면 세로토닌을 잘 만들어 내지 못해 멜라토닌 분비량이 현저히 줄어들게 됩니다. 이 멜라토닌은 수면, 성조숙증에도 문제를 일으키지만, 자꾸 눕고 싶고 움직이지 않게 하는 호르몬을 자극하여 악순환을 일으킵니다. 우리 아이들의 몸은 성장기에 최대한 뛰어놀도록 설계되어 있습니다. 밖에서 한참 뛰어놀고 집에 들어와서도 집에서 부산스럽게 움직이고 율동하고 춤추고 떠들게 되어 있는 것이 성장기의 자연스러운 아이들의 모습입니다. 현대문명의 거대한 파도에서 우리 아이들이 스마트폰으로, 유튜브로, 수백 개의 TV 채널 앞에서 심장과 근육 그리고 뇌가 망가져 가고 있습니다. 아이들을 반드시 움직이게 해 주어야 합니다. 그래야 우리 아이들이 살아납니다.

지난해 12월 말 초등학생 6학년의 큰아들 생일이었습니다. 그래서 아이가 기뻐하는 선물을 해주고 싶었는데 아들은 저와 축구를 하고 싶어 했습니다. 그래서 아들의 친구들을 불러 모아, 오전에 축구장에서 2시간 동안 게임을 하고 다 같이 점심을 먹으러 갔습니다. 점심 식사 후 더 축구를 하고 싶다 해서 애들은 축구장에 내려 주고 저는 집에 가서 쉬려 했습니다. 그런데 아들이 생일이라는 무기로 저에게 간절히 축구를 같이 하고 싶다고 해서 거절치 못하고 결국 축구장에 있던 중·고등학생들과 오후 3시간 동안 4게임을 더했습니다. 힘을 조절하며 설렁설렁 뛰었는데도 4게임째 저는 결국 양다리에 쥐가 나서 겨우 게임을 마쳤고, 다음날까지 거의 파김치가 되어 쉬기 바빴습니다. 그런데 제 아들은 또 축구하러 가자고 때를 씁니다.

'야… 너는 몸 괜찮냐?'

라고 했더니 전혀 아무런 이상도 느낌도 없다고 합니다. 아이들의 체력과 활동력은 정말 엄청납니다.

우리가 부모로서 해야 할 것은 움직이는 즐거움, 운동하는 습관을 들여 주는 것이 아닐까요?

우리 아이들에게 성인이 되어서도 더욱 몸을 움직이고 운동하는 습관을 들여야 합니다. 현재 많은 인구가 고혈압이며 당뇨병으로 고통받고 있습니다. 지금과 같은 생활 패턴으로는 이런 인구가 더욱 증가할 것입니다. 이러한 시대에 우리 아이들에게 평소에 움직이고 또 움직이는 신체활동의 습관, 그리고 가능하다면 신나게 뛰어놀 수 있는 구기 종목과 같은 운동 습관을 물려주어 튼튼한 심장과 근육 그리고 뇌 성장의 건강 토양을 반드시 만들어 주시기 바랍니다.

3

너무나도 나쁜 먹거리,
식품첨가물과 설탕에 건강이 무너지는 아이들

영양에너지 과다, 그러나 영양실조의 '역설'에 빠진 아이들

현대사회를 사는 우리 아이들이 영양실조에 빠져 있습니다. 무슨 보릿고개 시절의 얘기도 아니고 먹을 것이 넘쳐 나는 이 세상에 무슨 영양실조냐고요? 섭취 칼로리는 넘쳐나고 있지만 정작 필요한 영양소들은 부족한, 영양과다의 '역설'에 빠진 아이들이 너무나 많습니다. 우리 아이들의 몸 안이 다양한 야채와 과일로 채워지는 것이 아닌, 피자, 햄버거, 과자, 아이스크림, 라면, 치킨, 콜라 등의 가공식품으로 채워지고 있습니다. 물론 집에서 좋은 음식도 먹고는 있겠지만, 요즘 아이들의 몸 안에 채워지는 것의 많은 부분은 식품첨가물과 설탕 범벅인 가공식품들입니다.

우리 아이들이 먹는 가공식품은 건강에 얼마나 안 좋은 것일까요?

만병의 근원 가공식품, 식품첨가물이 아이들의 몸과 마음을 망가뜨리고 있다

운동과 영양, 그리고 수면은 서로 건강을 유지하는 데에 큰 영향을 미칩니다. 어느 한 부분만 잘 한다고 해서 바른 건강 습관을 가졌다고 할 수 없습니다. 그러나 아이들의 습관을 바꾸는 것은 정말 어려운 일입니다. 따라서 이 책에 나오는 운동, 음식, 수면에 대한 생활 습관 소개는 우선 부모님들께서 하나씩 하나씩 실천해 가시기를 바랍니다. 그렇게 하다 보면 부모님의 건강도 지킬 수 있을 뿐 아니라 아이들도 부모님의 생활 습관 안에서 보고 배우며 자라나게 될 것입니다. 지금부터는 건강한 영양 섭취 습관 중에서 먼저 가공식품에 대해서 이야기를 나누려고 합니다.

좋은 것을 챙겨 먹기에 앞서서 우선 시급한 것은 인간이 공장에서 만들어 낸 가공식품이 얼마나 우리 아이들 건강에 나쁜 영향을 미치는지 이해하고 그 섭취량을 줄여 나가는 것입니다.

가공식품에 폐해에 대해서는 일본의 아마존재팬 건강 분야 베스트셀러인 〈먹으면 안 되는 10대 식품첨가물 - 우리가 먹는 수많은 음식 속에 각종 질병을 유발하는 '이물질'이 들어 있다?!〉에 잘 기술되어 있습니다(와타나베 유지, 2014). 우리나라에서도 국내 유명 과자회사의 식품개발부에서 일하던 안병수 작가가 과자를 비롯한 각종 가공식품의 큰 유해성을 알게 된 후 퇴사를 하며 〈내 아이를 해치는 맛있는 유혹 트랜스지방, 과자가 무서워요〉 등을 출간하여 가공식품의 폐해에 대해 열심히 알리고 있습니다(안병수, 2008; 안병수 2010). 일본에서는 최근 〈편의점

과 슈퍼마켓의 식품첨가물은 죽음을 부른다コンビニ&スーパーの食品添加物は死も招く〉가 출간이 되어 큰 반향을 일으키고 있습니다. 우리 아이들이 편의점에서 많이 먹는 각종 삼각김밥, 즉석식품 및 라면 등이 아토피와 같은 알레르기뿐 아니라 암과 같은 각종 질병을 유발하여 죽음까지 부르는 메커니즘을 잘 설명하고 있습니다(코바시코지로小藪浩二郎 | 通販, 2022).

걱정스러운 것은 요즘 사람들은 가공식품이 정작 얼마나 해로운 것인지 잘 모른다는 것입니다. 최근 초·중·고 학부모님들을 대상으로 과자, 아이스크림 및 라면과 같은 가공식품이 성장하는 아이들 몸에 얼마나 나쁜지를 강연했을 때 거기에 계셨던 부모님 중에 이 사실을 잘 아는 분이 거의 없으셨다는 사실입니다.

'라면이 그렇게까지 안 좋은지 처음 알았습니다. 이제 잘 못 먹을 것 같아요….'

실제로 이 아버님은 강연 후 2개월 동안 가족 전체가 라면을 한 번도 안 드셨다고 합니다. 저는 오히려 부모님들이 가공식품의 폐해에 대해 잘 모른다는 것이 충격이었습니다. '가공식품은 좀 나쁘겠지…'라는 막연한 생각은 어느 정도 머릿속에 있었으나, 가공식품이 우리 아이들에게 얼마나 피해가 되는지 모르시는 분들이 대부분인 것 같습니다. 집에서 식사 대용으로 빈번히 라면을 끓여 먹으며, 편의점에 가서 컵라면도 수시로 먹습니다. 왜 그럴까요? 거대한 경제 문명 안에서 물건을 팔아먹는 광고에는 막대한 돈을 쓰지만, 가공식품의 폐해를 알리는 사람과 그에 따른 투자는 턱없이 부족하기 때문입니다. 그렇다면 가공식품은 어느 정도까지 우리 아이들의 건강에 나쁠까요?

가장 많은 식품첨가물이 들어간 인스턴트 라면

우선 우리 아이들이 좋아하는 가공식품 중에서 가장 많은 식품첨가물이 들어간 인스턴트 라면에 대해서 이야기하고자 합니다. 아이들 앞에서 건강 교육을 할 때 이 부분을 이야기하면 인상이 굳어지고 한숨을 푹푹 쉬는 것을 보게 됩니다. 아이들이 정말 좋아하는 것이 라면인데 식품첨가물이 가장 많이 들어 있으니 최대한 먹지 말라고 하면 좋아할 아이들이 누가 있겠습니까?

오자와 히로시小澤博라는 일본 심리영양학의 대가가 있습니다. 그의 저서인 〈식원성 증후군〉에서는 라면 및 과자와 같은 식품첨가물 덩어리인 인스턴트 식품을 먹었을 때 아이들의 몸의 건강뿐 아니라 폭력성으로 변하는 뇌에 대해 경고하고 있습니다. 등교 거부를 하고 학교 폭력을 일삼는 아이들이 가공식품을 많이 섭취하고 있다고 경고하고 있습니다. 폭력을 휘두르는 학생은 대부분 채소와 같은 건강한 식품 대신에 인스턴트 라면, 햄과 소세지를 많이 먹고, 탄산음료를 매일 마시는 것을 발견할 수 있습니다. 최근 많은 아이들에게 나타나고 있는 과잉행동장애와 학습장애의 원인도 식품첨가물이 큰 원인 중 하나를 차지합니다. 이러한 부분은 수많은 연구에서 그 증거가 입증되고 있습니다(Sambu et al., 2022).

인스턴트 라면은 일본에서 개발되어 우리나라로 넘어왔습니다. 1960년대에 인스턴트 라면이 개발된 지 10년이 채 지나지 않은 시점에서 많은 사람들이 인스턴트 과다 섭취로 다양한 질환에 시달리게 되자 일본은 그 폐해성에 대해 폭로하며 그 굉장했던 인기가 크게 퇴조하게 되었습니다.

오늘날 일본인들이 즐겨 먹는 '라멘'은 인스턴트 라면이 아닙니다. 그러나 우리나라는 날로 다양한 인스턴트 라면이 나오며 인기를 더해 가는 것 같습니다. 아이들도 편의점에 가면 가장 많이 먹는 것이 컵라면입니다.

우선 라면은 40개 이상의 식품첨가물이 들어 있을 정도로 몸에 정말 나쁜 화학성분 식품첨가물의 집합체입니다. 유화제, 안정제, 산화방지제, 점조제, 인공조미료, 향료, 색소 등 여러 종류의 식품첨가물을 한꺼번에 섭취하게 되는 **'라면은 종합비타민제가 아닌 종합식품첨가물제'**라 할 수 있습니다. 가공식품에 많이 들어 있는 대표적 식품첨가물인 **유화제**를 가지고 예를 들어보겠습니다.

물과 기름은 섞이지 않는 성질을 가지고 있는데 이 두 가지를 화학적으로 섞어 주게 되는, 즉 물과 기름의 혼합물이 유화 상태가 되게 만들어주는 분자를 유화제라고 부릅니다. 즉, 유화제는 물과 기름을 인위적으로 잘 섞이게 하여 식감을 굉장히 부드럽게 합니다. 특히 아이스크림에 많이 들어 있지요. 이 유화제는 발암물질을 비롯한 각종 유해 성분을 체액에 잘 섞이도록 돕습니다.

2015년에 미국 조지아주립대학의 Andrew 교수 연구팀은 식품첨가물로 쓰이는 유화제가 장염을 일으키며 대사증후군을 일으킬 수 있다는 동물실험 결과를 최고 권위의 세계적 학술지 '네이처'에 발표했습니다(Chassaing et al., 2015). 식품의 유화제가 1% 농도로 들어 있는 물을 마신 생쥐와 그냥 맹물을 마신 생쥐 사이의 차이를 조사했습니다. 여기서 유화제 1% 농도는 보통 가공식품에 들어 있는 유화제 수준입니다. 관찰 결과, 장이 약한 쥐들은 유화제에 더 민감하게 반응하였고, 쥐 중의 80% 이상에서 장염 증상이 나타났습니다. 유화제에 의해 체중이 증가하고 당뇨병을 일으키는 포도당 대사에 이상이 나타났습니다. 이뿐만이 아닙니다. 유화제를 탄 물을 먹은 생쥐들은 장내미생물의 환경이 악화된 장내 염증이 발병된 것으로 보고되었습니다(Chassaing et al., 2017).

장내미생물 환경이 안 좋아지면 우울과 스트레스를 높이며 수면과 면역에 큰 영향을 미칩니다. 이러한 상태가 계속되면 비만마저 유발하는 큰 원인이 됩니다. 유화제는 계면활성제입니다. 계면활성제는 기름때를 벗기는 비누나 세제에 사용되는 화학성분입니다. 계면활성제는 세포막을 녹이는 실험용으로도 쓰이는 물질입니다. 계면활성제로 만들어진 유화제는 사람이 먹으면 안 되는 물질입니다. 그러나 애석하게도 라면, 초코파이, 과자 등 웬만한 가공식품에는 다 들어가 있습니다.

라면은 식품첨가물의 문제만 존재하는 것이 아닙니다. 대부분의 인스턴트 라면의 면은 밀가루를 기름으로 끓여내는 유탕면입니다. 많은 영양분이 통밀의 껍질과 씨눈에 들어 있는데, 그 부분은 다 깎아서 영양가가 하나도 없는 탄수화물 에너지 덩어리인 흰 밀가루를 면으로 사용합니다. 그것도 모자라 그 밀가루를 면으로 만들며 찌고, 압축합니다. 흰 밀가루를 먹으면 우리 몸 혈액 안의 포도당 농도(혈당 농도)가 급격하게 올라가 몸에 해로운 영향을 미칩니다. 그러나 면으로 탈바꿈되는 찌고, 압축하는 과정에서 탄수화물 입자가 더욱더 몸에 흡수되기 쉬운 형태로 바뀌어 포도당 농도가 더더욱 급속히 올라가게 됩니다. 그뿐만이 아닙니다. 고열의 기름으로 튀기는 과정에서 더욱더 몸에 흡수하기 쉬운 최적의 상태로 바뀌게 됩니다. 라면을 먹으면 너무 높아진 혈당을 내리려고 췌장에서 인슐린을 뿜어 댑니다. 이것이 아주 가끔이면 좋겠지만 우리 아이들은 라면 먹은 뒤에 설탕이 잔뜩 든 콜라를 또 먹어 인슐린이 과다하게 분비됩니다.

또한 과자도 안 좋습니다. 대부분의 과자도 유탕처리된 밀가루이며 식품첨가물 범벅입니다. 밀가루를 압축하여 기름으로 튀긴 것도 안 좋은데 과자에는 대부분 설탕까지 많이 들어 있어 우리 아이들의 췌장이 쉴 새 없이 인슐린을 뿜어 댑니다. 설탕 과다 섭취가 얼마나 안 좋은지는 뒤에서 다시 이야기하겠습니다.

인트턴트 음식에 노출된 아이들이 평소 운동까지 안 하면 근육세포의 양과 질이 현저하게 떨어지게 되고, 얼마 가지 못해 혈중에 포도당 농도가 좀처럼 내려가지 못하는(근육세포에서 빨아들이지 못하는 병적인 몸이 되어) **인슐린 저항성 상태**로 가게 됩니다. 인슐린 저항성 상태가 되면 어떻게든 혈중에 포도당을 내리려고 인슐린을 더욱 뿜어 대는데 이러한 인슐린 과다 분비가 지방을 합성하게 하는 주범입니다. 그것뿐이 아닙니다. 인슐린 저항성 상태는 식욕을 조절하는 호르몬 분비를 교란시켜 음식을 먹어도 배부른 것을 못 느끼게 합니다. 요즘 아이들이 살이 찌고 대사 질환에 걸리는 큰 원인 중 하나가 인스턴트 라면이라는 사실을 알아야 합니다.

1군 발암물질인 햄과 소시지

제가 큰 병을 앓고 난 이후 요즘 제 가족은 햄과 소시지를 거의 안 먹게 되었지만, 우리 아이들도 이전에는 하얀 쌀밥에 통조림햄을 구워 주면 엄청나게 맛있다며 한 공기를 뚝딱 비웠습니다. 사실 제가 먹어도 통조림햄은 정말 맛있습니다. 어쩌면 그렇게 짭조름하면서 통조림햄 특유의 맛과 향이 나는지…. 반찬 없을 때 소시지만 구워 줘도 아이들이 케첩에 찍어서 얼마나 밥을 잘 먹는지 모릅니다. 호텔 조식에 빼놓을 수 없는 베이컨도 왜 이리 밥에 잘 어울리는지요. 휴게소의 단골 메뉴인 소떡소떡과 피자에 들어 있는 시뻘겋고 동그란 햄들도 어떻게 그렇게 맛있게 만들었는지 모릅니다.

지바대학 공학부 합성화학과를 졸업하고, 소비자문제 전문지 기자를 거쳐 현재 프리랜서 과학 저널리스트로 활동하고 있는 와타나베 유지가 〈먹으면 안 되는 10대 식품첨가물〉에서 식품첨가물이 많이 들어간 가공식품 중에서 절대로 먹지 말아야 할 1위로 뽑은 것은 애석하게도 햄과 소시지, 베이컨과 같은 가공육이었습니다. 햄과 소시지에 들어 있는 아질산나트륨sodium nitrite은 가공육의 색깔을 더욱 붉고 빨갛게 하는 역할을 합니다. 요즘 식품첨가물을 최소화한 일명 '건강한 소시지'를 볼 수 있는데, 거기에는 아질산나트륨을 넣지 않아 색깔이 연한 갈색입니다. 그러나 휴게소의 소떡소떡을 생각해 보십시오. 소시지의 색깔이 강렬한 다홍색(너무 불량스러운 색깔)입니다. 아질산나트륨의 놀라운 효과는 이뿐만이 아닙니다. 햄과 소시지의 맛을 부드럽게 하는, 마치 찌개에 뭔가 빠진 것 같은 심란한 맛을 잡아 주는 MSG처럼, 혀에 느끼는 이질감을 없애주는 결정적인 역할을 하는 것이 아질산나트륨입니다. 이 아질산나트륨은 가공육에 들어 있는 아민amine 성분과 결합하여 니트로사민Nitrosamine이라는 발암물질을 만드는 주범입니다.

여기서 한 가지 의문이 생깁니다. 우리 아이들이 먹는 햄과 소시지는 얼마나 먹어야 피해가 가는 것일까요? 한 번 먹어도 피해가 있는 것일까요? 좀 줄여서 먹이면 되는 것일까요?

동물 실험의 예를 설명해 보겠습니다. 동물에게 체중 그램당 니트로사민 0.3 마이크로그램(1,000,000분의 1 그램) 한 번의 투여로 간암이나 폐암의 발생 가능성이 있음을 보고하고 있습니다. 30kg 어린아이로 치면 0.0009그램의 니트로사민 양이고, 그 양은 불과 햄과 소시지를 90g 먹었을 때의 양이라 합니다(Ruth W, 1999). 한 번 먹었을 때 아이들에게 당장 암이 발생하는 것은 아닐 수도 있지만 이러한 것들을 많이 먹었을 때 몸 안에서는 이러한 화학물질을 잘 처리하지 못하여 지방 속에 더 쌓이게 됩니다. 인간의 몸은 배출하지 못하는 식품첨가물과 같은 화학성분을 먹을 때 이러한 것들을 최대한 지방으로 쌓아 놓고 몸을 살리려 합니다. 밖으로 제때 빠져 나가지 못한 노폐물로부터 인간의 몸을 보호하기 위해 지방으로 쌓아 놓는 것이지요. 그러나 이러한 지방세포에서 다양한 염증물질이 뿜어져 나와 인슐린 저항성 등의 다양한 질환을 결정적으로 유발하며 비만을 더욱 가속화시킵니다. 아이들이 안 클까 봐 한 숟갈이라도 더 먹이려는 부모가 많다고 합니다. 굶지 말고 차라리 편의점 가서 많이 사 먹으라 합니다. 편의점의 가공식품으로 아이들의 덩치는 커져 가지만 **그 몸속에는 과도한 지방뿐 아니라 질병의 씨앗들이 자라나고 있음**을 바라볼 수 있어야 합니다.

아이스크림은 유화제와 설탕 덩어리

아이스크림은 제가 먹어도 정말 맛있습니다. 제가 가장 좋아하는 아이스크림은 어렸을 때부터 지금까지 단연 바닐라 맛 콘 아이스크림입니다. 우리 아이들이 아이스크림을 좋아하는 것은 너무나 당연하고 이해됩니다. 그러나 아이스크림에 설탕이 듬뿍 들어 있는 이야기는 뒤로 하고, 아이스크림 하나에 얼마나 많은 식품첨가물이 들어 있는지 알면 쉽사리 먹기 힘들어질 정도입니다. 우선 물과 기름이 잘 섞이게 하려면 어마어마한 양의 유화제를 사용해야 합니다. 유화제 덩어리라 해도 과언이 아닙니다. 그뿐만이 아닙니다. 맛을 내는 향료도 대부분 천연물질이 아닌 값싼 화학물질이 사용됩니다. 색깔을 내는 것도 다 화학물질인 색소이며 안정제 및 증점제 등 15개 이상의 식품첨가물이 사용된다고 합니다.

인체에 문제가 되는 주요한 식품첨가물	산화방지제, 경화제, 감미료, 착향료, 착색료, 보존료, 표백제, 발색제, 곰팡이방지제, 증점제, 안정제, 유화제, 향신료 등
주요 가공식품에 포함되어 있는 식품첨가물	**가. 바닐라 아이스크림 A 제품의 예** 식물성유지, 야자경화유, 가공버터, 가공전지분, 준초콜릿, 레시틴(대두), 혼합제제(구아검, 카라기난, 로커스트콩검, 키르복시메틸셀룰로오스나트륨, 알긴산나트륨), 바닐라향 등 **나. 인스턴트 라면 A 제품의 예** 변성전분, 유화유지, 팜유, 덱스트린, L-글루탐산나트륨, 5'-리보뉴클레오티드이나트륨, 말토덱스트린, 향신료조제품, 기타가공품, 전분가공품, 아라비아검, 식물성단백가수분해물, 탄산나트륨, 호박산이나트륨, 구아검, 글리신, DL-사과산, 산분해간장, 핵산IG, 구연산, 쇼트닝, 자당지방산에스테르 등 **다. 소세지 A 제품의 예** 소맥전부, 탈지대두 L-글르탐산나트륨, 대두단백, 폴리인산나트륨, 메타인산나트륨, 피로인산나트륨, 트랜스글루타미나아제, 락색소, 카라기난, 아질산나트륨 등
식품첨가물의 폐해 외 인스턴트 가공식품의 또다른 문제점	1. 영양부족 증상을 유발: 비타민과 무기질의 함량이 낮아 면역 기능을 약화 2. 고칼로리 (고지방, 고설탕)으로 인한 비만 유발 3. 포화지방과 나트륨의 과다 함유: 비만 및 고혈압과 같은 대사질환 유발 4. 튀긴 식품으로 인한 몸속에 염증물질 유발 (과산화지질)

안정제는 식품 내에서 섞이지 않는 2가지 이상의 물질을 일정한 분산 형태로 섞이게 하는 역할을 하며, 증점제는 아이스크림의 점도를 높이는 역할을 합니다. 문제는 이 증점제가 아이스크림만 끈적끈적하게 하는 것이 아니라 몸 안의 혈액 또한 끈적끈적하게 해 혈액순환을 방해합니다. 이러한 현상을 어혈이라 합니다. 혈액순환은 건강의 가장 기본입니다. 끈적거리지 않는 혈액은 몸속 구석구석을 순환하면서 각 기관과 조직에 산소와 영양분을 운반해 주고 또 신진대사 과정에서 생긴 이산화탄소와 노폐물을 거두어서 콩팥이나 폐를 통하여 몸 밖으로 잘 배출하게 합니다. 아이스크림에는 증점제뿐 아니라 설탕이 과도하게 들어 있어 많이 먹으면 어혈이 생겨 머리가 자주 아프고 피로를 쉽게 느끼는 등의 증상을 나타냅니다.

건선에 걸려 피부 및 면역체계가 붕괴되었을 때의 식습관을 생각해 보면 정말 가공식품을 많이 먹는, 식품첨가물의 홍수 속에서 허우적대며 살았던 것 같습니다. 일을 하다 몸이 조금 피곤해지면 연구실 1층 아래에 자판기에서 콜라를 늘 뽑아 먹었고, 쉬는 날이면 라면, 비빔면과 짜파게티를 많이 먹곤 했었습니다. 집에서 아이들과 아이스크림도 자주 먹었으며, 햄과 소시지도 장 볼 때 늘 샀던 품목이었습니다. 그러나 건선으로 크게 아팠었던 것이 계기가 되면서 건강한 생활 습관으로 하나씩 하나씩 바꾸기 시작했습니다.

그중에서 가장 먼저 시작한 것은 가공식품을 최대한 줄인 것입니다. 걷기 운동을 꾸준히 하며 건강하게 자연식품으로 세 끼 식사만 했습니다. 모든 가공식품(특히, 간식)을 끊고 한 1개월 즈음 지나면서 몸이 정말 가벼워지고 좋아지기 시작했습니다. 그러면서 3개월이 지나며 몇 년간 괴롭히던 습진들이 없어지기 시작했습니다. 저는 호리호리한 몸으로도 당뇨병 전단계 등의 진단을 받았었지만 건강한 생활 습관을 시작한 그해 건강검진의 모든 항목이 정상으로 돌아왔습니다.

하지만 그것보다도 제일 감사한 것은 우리 아이들도 제 생활 습관을 따라 점점 야채와 과일의 맛을 알게 되고 가공식품을 최소한으로 먹는 아이가 되었다는 것입니다. 어렸을 때 가공식품을 너무 많이 먹으면 성인이 되어 만성질환에 걸릴 위험성이 높아집니다. 둘째 딸이 아토피로 너무나 고생했습니다. 제가 어렸을 때 먹었던 수많은 가공식품들 때문에 우리 아이가 아토피로 고생한 것입니다. 지금 병원에 가보면 아토피 어린 환자들이 넘쳐 납니다. 부모들과 아이들이 먹는 가공식품이 큰 원인으로 지목되고 있습니다.

이제부터라도 가공식품을 조금씩 줄여가는 습관을 꼭 들여야 합니다. 이미 상당히 오래전에 SBS 다큐멘터리 〈잘 먹고 잘사는 법〉에서는 중증 아토피 환자들을 대상으로 실험하였는데 가공식품을 줄이며 좋은 음식물을 먹는 습관으로 바꾸자 아토피가 좋아지는 것을 증명해 냈습니다. 그 프로를 진행한 박정훈 PD는 이렇게 얘기했습니다.

> 몸 안의 나쁜 물질이 잘 배출되도록 적극적으로 도와주는 것이 중요하다. 가능하면 나쁜 가공식품과 같은 식품들을 근본적으로 멀리하는 것이 중요하다. 그래야만 그들이 몸을 회복한 뒤에도 정상적인 생활을 할 수 있기 때문이다.'

아이의 아토피이든, 아니면 당뇨나 고혈압 같은 대사 질환이든, 먹는 것을 바꾸는 것이 제일 첫 번째 순서인 것 같습니다.

'먹는 것으로 치료하지 못 하는 것은 약으로도 못 고친다'라고 말한 히포크라테스의 말이 떠오릅니다. 먹는 것으로 치료하는 것의 제일 우선 순위는 **나쁜 가공식품을 최대한 줄이는 것입니다.** 가공식품의 홍수 속에서 우리 아이들을 적극적으로 보호해야 합니다.

백색 마약이라고 불리는 설탕, 과도한 설탕 섭취에 건강이 무너지고 있다

저조차도 어린 시절부터 백색 마약이라고까지 불리는 설탕에 대해서 크게 신경 안 쓰고 살아온 것 같습니다. 그래서 '설탕이 무슨 백색 마약까지 되나?'라고 동의가 잘 안 되실 겁니다. 그러나 식품첨가물이 든 가공식품 다음으로 우리 아이들에게 건강한 영양 섭취 습관을 위해 **꼭, 반드시 교육해야 하는 부분은 설탕 섭취에 관한 것**입니다.

우리 아이들이 먹는 과자, 아이스크림, 주스 및 탄산음료에는 너무나 많은 설탕이 들어 있습니다. 요새는 액상과당을 많이 쓰지만, 이전 커피숍에는 테이블마다 커피에 넣는 각설탕이 두 개 싸여 있는 것을 본 적이 있으실 것입니다. 손가락 한 마디 크기의 정사각형 각설탕 하나가 대략 3g 정도입니다. 커피 한 잔에 각설탕 두 개, 즉 6g 정도를 넣으면 상당히 달아집니다. 모든 가공식품에는 영양 정보 표시가 있습니다. 영양 정보에서 '당류'라는 부분이 설탕이라고 생각하시면 됩니다.

아이들이 쉽게 먹는 **콜라 한 캔만 하더라도 설탕이 39g으로 각설탕이 대략 13개 정도**가 들어 있습니다. 대부분 시중에 판매하는 오렌지 주스는 한 잔 200ml 기준으로 15~35g 정도의 당류를 포함하고 있습니다. 오렌지 주스 한 잔에 많게는 각설탕 10개 이상이 들어 있다고 생각하시면 됩니다.

100% 오렌지주스는 건강한 식품일까요?

오렌지를 그대로 착즙한 것이 100% 오렌지 주스가 아니라, 오렌지 100%인 원액을 사용했다는 의미로, 거의 대부분은 물로 채우고 설탕을 가득 부어 맛을 낸 것이 시중에 판매되고 있는 100% 오렌지주스입니다. 아이들이 좋아하는 바닐라 콘 종류도 20g 이상의 설탕이 들어 있으며, 팥빙수 종류는 한 컵에 무려 50g이 들어 있는 제품이 있습니다. WHO(세계보건기구) 하루 설탕 섭취 권고량이 하루 에너지 섭취량 2000kcal 기준, 당류 25g인데 콜라 한 캔으로도 하루 권고량을 넘게 됩니다. 최근 WHO에서는 설탕을 비만의 주범으로 지목하며 하루 권장 섭취량을 50g에서 25g으로 낮췄습니다. 미국심장학회도 성인 남성 36g,

성인 여성 25g 미만으로 섭취할 것을 권고하고 있습니다.

제가 어렸을 때 너무나 좋아했던 바나나 우유에도 설탕이 무려 26g 정도 들어 있습니다. 바나나 우유를 마시면 각설탕 대략 8~9개를 그냥 씹어 먹는다고 생각하시면 됩니다. 장에 좋고 칼슘이 많이 든 요거트는 어떨까요? 떠먹는 요거트 작은 한 컵에 설탕이 평균 12g이 들어 있으니 각설탕 4개를 먹는 것입니다. 그러한 오렌지 주스와 요거트를 건강식품으로 선전하며 물건을 팔아 대니 소비자들은 속을 수밖에 없습니다. 아이들이 좋아하는 빵에도 너무나 많은 설탕이 들어 있습니다. 제가 어렸을 때 좋아했던 그 조그마한 빵 하나에 각설탕 10개 정도의 어마어마한 설탕이 들어 있었습니다. 요즘 가공식품은 그야말로 설탕 범벅입니다.

어른들뿐 아니라 요즘 아이들은 설탕을 너무나 빈번하게, 그리고 과잉으로 섭취하고 있습니다. 이러한 설탕 섭취로 인해 인슐린이 시도 때도 없이 췌장에서 분비됩니다. 인슐린은 혈액 속의 포도당을 세포에 흡수하게 하는 좋은 호르몬이지만, 과잉 분비가 되면 비만을 유발할 뿐 아니라 대사질환을 유발하게 합니다. 설탕의 과잉섭취로 혈액이 끈적끈적하게 되면 앞서 말씀드린 것처럼 어혈이 생겨 혈액순환에 문제가 생길 뿐 아니라 염증 물질을 유발하여 각종 대사질환을 유발합니다. 아이들에게 정말 심각한 것은 과도한 설탕 섭취는 정신질환마저 야기한다는 점입니다. 안병수 작가의 〈과자, 내 아이를 해치는 달콤한 유혹〉에서 설탕이 각종 정신질환에 미치는 영향에 이하와 같이 소개하고 있습니다.

"설탕의 과잉섭취는 범죄심리와 밀접한 관계를 갖는다."

미국의 실험심리학자이자 정신건강치료사인 알렌산더 샤우스 박사Alexander Schauss, PhD는 저서 〈식사와 범죄 그리고 비행〉에서 설탕의 과잉섭취가 정신 질환을 유발한다고 보고하고 있습니다.

"설탕은 몸과 마음을 망치게 한다."

일본의 자연의학자 다카오 도시카즈高尾利數는 설탕이 심신의 건강을 파괴한다고 일본 자연의학회의 연설에서 주장했습니다(오사와 히로시, 1995). 과도한 설탕 섭취는 기분과 행동을 좌우하는 신경전달물질을 교란시킵니다. 이러한 현상이 매일 반복되면 뇌에 신경염증반응을 일으킴으로써 뇌기능을 저하시킬 뿐 아니라 우울증 위험이 증가하게 됩니다.

성장기 아이들에게 **과도한 설탕 섭취가 정말 안 좋은 이유는, 기억력을 담당하며 감정적인 행동을 조절하는 해마의 성장마저 위축시키기 때문**입니다. 설탕의 과도한 섭취로 혈중 포도당 수치가 높은 상태에 있을 때 뇌 성장을 억제하여 해마의 기능을 쇠퇴하게 만듭니다. 요즘 분노조절장애 및 과잉행동 등 심각한 정신질환을 보이는 아이들이 폭발적으로 증가하는 것은 과도한 설탕 섭취를 큰 원인으로 지목하고 있습니다.

설탕 섭취가 늘면 늘수록 당뇨병 및 비만이 함께 증가합니다. 미국에서는 설탕 섭취를 줄이기 위해 학교에서 탄산음료의 자판기를 다 철수시킬 정도로 사회적으로 큰 이슈가 되고 있습니다. 설탕의 과잉섭취는 현대사회 최대의 악이라고도 불립니다. 설탕의 원재료인 사탕수수는 원래 좋은 비타민과 미네랄이 풍부한 자연 식품입니다. 그러나 좋은 영양분은 다 빼고 설탕만 정제하여 싼 값에 대량으로 공급하게 되었습니다.

현재 전 세계적으로 많은 식품들이 설탕 범벅이 되어 가고 있습니다. 우리나라 편의점에서 사 먹는 식품에도 설탕이 너무나 많이 들어 있어 아이들의 몸과 마음을 망치고 있습니다. 2018년에 국제 설탕 기구International Sugar Organization, ISO에서 발표한 자료를 보면, 한 해 동안 한국은 1인당 30kg 넘는 설탕을 소비했다고 발표했습니다. 이는 하루 평균 설탕을 대략 80g 이상 섭취한 것과 같습니다. 탄산음료 및 도너츠 등 설탕 섭취가 문제 되고 있는 미국조차도 1인당 31.1kg 섭취를 기록한 것으로 보아 우리나라 설탕 섭취량이 얼마나 많은지 짐작할 수 있습니다. 그러나 이것은 단지 평균값일 뿐입니다. 실제로 학생들의 설탕 섭취를 조사해 보면 하루에 각설탕을 두 손에 가득 담길 정도의 양으로 많이 먹습니다.

설탕 섭취가 안 좋은 또 다른 이유는 저혈당을 유발한다는 점입니다. 과도한 설탕 섭취로 인해 급격하게 올라간 혈당을 잡으려 인슐린이 필요 이상으로 분비됩니다. 그러면서 혈중에 당이 과도하게 세포로 흡수되면서 일시적으로 혈중의 당이 보통 레벨보다 떨어지는 저혈당 현상이 발생합니다. 이러한 저혈당 상태가 빈번히 발생될 때 다시 설탕을 갈구하는 메시지를 뇌가 보내며 고인슐린 분비와 빈번한 저혈당 상태가 반복됩니다. 이러한 상태는 당뇨병뿐 아니라 암의 원인이 됩니다. 왜냐하면 과도한 인슐린은 암세포의 먹이가 되기 때문입니다.

최근 성인에게서 꾸준히 증가하고 있는 각종 암 발병의 큰 원인 중 하나가 과도한 설탕 섭취라는 증거가 계속해서 보고되고 있습니다. 최근 스페인의 영양과 암 역학 연구팀에서 설탕이 들어간 가당 음료 섭취와 암 위험 사이의 연관성을 조사하기 위해 체계적 검토 및 메타 분석을 수행했습니다(Llaha et al., 2021). 그 결과 충격적이게도, **단일 식품인 탄산음료와 같은 가당 음료 한 종류만으로도 유방암 및 전립선암에 걸릴 위험을 증가시키는 것**으로 밝혀졌습니다. 요즘 아이들은 어렸을 때부터 탄산음료 및 각종 주스를 너무나 많이 먹습니다. 이런 습관을 성인이 될 때까지 계속하면 각종 대사질환 및 암 발병에 취약한 몸이 되는 것은 자명한 사실입니다.

필자가 건선이란 병을 얻고 나서 가장 먼저 한 일은 가공식품을 최대한 자제한 일입니다. 지금도 당류가 들어 있는 음료나 음식은 최대한 자제하고 있습니다. 이 부분이 얼마나 몸을 망가뜨리는지 몸소 체험했기 때문입니다. 가공식품에 들어 있는 엄청난 양의 설탕 섭취만 제한하여도 건강은 정말 많이 좋아질 수 있습니다. 이전에 건강 TV 프로그램에서 택시 기사 분들이 달달한

믹스커피를 하루에 10잔 정도 마시는 광경을 본 적이 있습니다. 그분들은 인슐린 저항성, 즉 당뇨를 가지신 분들이 대부분이었습니다. 설탕을 너무나 빈번히, 그리고 많이 섭취하면 몸과 마음이 망가집니다. 반드시 우리 아이들에게 백색 마약인 설탕 섭취를 제한하여 건강 습관을 만들어 줘야 합니다.

살찌는 지름길, 고열량 패스트푸드의 습격

요즘 아이들의 비만율 증가가 정말 심각합니다. 이러한 비만율 증가는 기름기가 많은 고지방 칼로리 식품에 탄수화물(빵, 설탕)이 섞인 치킨, 피자, 햄버거와 같은 패스트푸드 섭취의 증가가 큰 원인입니다. 아이들은 패스트푸드뿐 아니라 튀긴 음식 자체를 정말 좋아합니다.

아이들만 좋아할까요? 저도 튀긴 음식은 너무 맛있습니다. 튀긴 음식이 건강에 나쁘지만 않다면 돈까스며 후라이드 치킨을 매일이라도 먹을 수 있을 것 같습니다. 그 기름진 음식들은 중독성이 정말 강합니다.

최근 뇌연구자들과 함께 고지방식이를 하는 쥐를 키우며 운동의 효과를 알아보는 공동연구를 진행했었습니다. 고지방식이를 섭취한 쥐들은 동일한 칼로리를 섭취함에도 불구하고 체중이 정말 빠른 속도로 늘어가는 것을 봅니다.

왜 그럴까요?

음식을 섭취하게 되면 지방세포에서 분비되는 렙틴leptin이라는 식욕조절 호르몬이 분비되고 뇌의 시상하부에 영향을 미쳐 '이제 그만 먹고 싶다'라는 포만감을 느끼게 됩니다. 더 이상 음식이 먹기 싫어지는 것이지요. 그러나 고지방의 높은 칼로리 음식을 계속해서 먹으면 렙틴이 분비가 되어도 뇌에서 이 호르몬이 제 역할을 못하게 됩니다. 뇌에서 렙틴 저항성이 생기는 것이지요.

이러한 **렙틴 저항성이 생기는 원인은 과도한 지방 섭취뿐 아니라 패스트푸드에 들어 있는 과잉의 설탕 섭취 때문입니다.** 뇌에서 렙틴호르몬이 역할을 잘 못하니 과식을 유발하게 되어 몸속에 염증 물질이 증가합니다. 특히 패스트푸드에는 식품첨가물이 잔뜩 들어 있어 염증 물질이 더욱더 분비됩니다. 결과적으로 염증 물질은 인슐린이 분비되어도 탄수화물 흡수가 잘 안되는 인슐린 저항성마저 유발시킵니다. 인슐린 저항성이 생기면 필요 이상으로 과도하게 인슐린이 분비되고, 지방합성을 하는 기능이 있어 평소의 많은 칼로리를 섭취하는 아이들에게는 내장에 지방축적을 가속화하는 원인이 됩니다.

요즘 배달이나 편의점에서 치킨, 피자, 햄버거와 같은 고열량 고지방 패스트푸드를 너무나 쉽게 그리고 자주 먹을 수 있게 된 것이 문제입니다. 우리 몸은 곡물과 야채, 과일로 대부분의 에너지 섭취를 해야 합니다. 좋은 곡물에는 양질의 식물성 단백질도 다량 포함되어 있습니다. 청소년기의 단백질 권장 섭취량은 45~50g으로 그중 식물성 단백질을 잘 섭취하면 20~30g을 충분히 섭취할 수 있습니다. 따라서 성장기 아이들에게 육류에 의한 단백질은 하루 약 20~30g이면 충분합니다. 이 양은 육류 100g에 들어 있는 단백질 양입니다. 소고기 100g이면 여성의 손바닥 크기(손가락 제외)만 한 육고기 정도입니다. 두께는 손가락 두께 정도라 할 수 있습니다.

요즘 아이들 영양조사를 실시해 보면 단백질과 지방의 과잉 섭취 현상이 두드러집니다. 흰쌀밥에 고기가 주식이 되어 버렸고, 너무나 많은 양의 패스트푸드를 섭취하고 있습니다. 3명 중 1명이 비만이 되었으며 아이들에게도 당뇨 및 고혈압 같은 대사 질환이 발생하고 있는 데에 식습관은 큰 원인이 되고 있습니다. 패스트푸드를 먹는 습관은 조금씩 없애 주어야 합니다. 기름진 음식, 특히 각종 식품첨가물이 들어 있는 패스트푸드를 계속해서 자주 먹으면 정작 건강에 중요한 야채와 과일을 멀리하는 아이들이 됩니다.

초등학교 고학년으로 올라가면 갈수록 친구들끼리 편의점이며 피자집, 햄버거집에 많이 가게 됩니다. 그중에서 요즘 심각한 문제는 편의점 가는 횟수가 늘어나는 것입니다. 가뜩이나 운동량이 부족한 아이들이 편의점의 고지방 칼로리 음식으로 인해 한 번 먹는 양이 많아지고, 빈번하고 많은 설탕 섭취로 인해 지방을 합성하는 인슐린을 뛰게 해서 이른 나이에 성조숙증이 나타납니다.

초등학생 1학년 아이가 피자 한 판에 콜라 500ml를 그 자리에서 거뜬히 먹는 것을 본 적이 있습니다. 그 아이는 그 피자를 다 먹으면서도 배부르고 느끼해서 못 먹겠다고 하지 않는 것으로 보아 렙틴 호르몬이 분비되어도 뇌에서 잘 느끼지 못하게 된 것 같습니다. '과식'하는 몸으로 바뀌게 된 것이지요. 몸 안의 호르몬 체계가 살찌는 체질로 바뀌게 된 것입니다. 그 아이는 그것도 모자라 딸기 파르페를 시켜 단숨에 마셨습니다. 비만한 아이들은 한번에 먹는 양이 정말 많습니다. 이 상태가 되면 뇌 안에서 몸을 움직이게 하는 호르몬 분비마저도 저하되어 점점 앉고 눕는 생활에 익숙해지고, 기본적인 신체활동마저도 안 하는 최악의 사이클로 빠지게 됩니다.

혹시 내 아이가 이런 식습관을 가지고 있으면 패스트푸드 섭취를 반드시 줄여 나가야 합니다. 어려운 싸움이지만 우리 아이가 이대로 자라면 성인이 되어 고혈압 및 당뇨병과 같은 대사질환에 시달리며 지내게 될 가능성이 너무나 높습니다.

최근 초등학교를 갓 들어간 아이를 둔 학부모와 일 관련으로 미팅을 하며 식사를 하게 되었습니다. 스포츠 선수가 나쁜 음식, 즉 패스트푸드를 너무 많이 먹으면 부상 위험이 높아진다는 얘기를 나누다 자연스럽게 우리 아이들의 건강으로 화제가 옮겨갔습니다. 가공식품의 대표격인 패스트푸드가 아이들의 정신질환. 대사질환 및 비만에 얼마나 안 좋은지를 흥분하며 그 이유와 함께 설명하게 되었습니다. 그러자 그 아빠가 약간 굳어진 얼굴을 하며 이렇게 얘기를 했습니다.

"우리 아이는 어렸을 때 야채 주면 주는 대로 잘 먹었어요. 생야채도 주는 대로 잘 먹었는데 초등학생이 되고 얼마 지나지 않아 야채를 전혀 먹지 않게 되었습니다…."
"혹시 아드님이 요즘 과자, 라면이나 햄버거, 피자와 같은 패스트푸드를 많이 먹나요?"

그러자 약간은 걱정스런 얼굴로 그 아버지가 대답했습니다.

"예… 요즘 많이 먹습니다, 그런데 이런 것들을 어떻게 줄여나갈 수 있을지 모르겠어요…."
"네, 저도 이 부분이 어려운 부분이라 생각합니다. 그러나 우선 부모님 식습관이 바뀌면 언젠가는 분명히 좋아집니다."

마지막으로 이런 얘기를 드렸습니다.

"책을 쓰면서 마음이 불편한 것이 있어요. 우리 부모님들이 일하랴, 아이 키우랴 너무 어려우실 텐데 이런 책을 쓰면 더욱더 마음의 짐과 부담감을 안겨 드릴 것 같아서요…. 부모가 아이들에게 이래라저래라 해도 안 듣는데 괜시리 부모의 근심만 늘어갈 것 같습니다….”

정말 솔직한 마음으로 이렇게 얘기했습니다. 필자도 집사람과 맞벌이를 하며 아이 셋을 키우느라 힘들 때가 많습니다. 바쁜 일상 속에서 부모로서 아이에게 뭔가를 더 해야 하는 것이 쉽지 않습니다. 그러나 우리 아이들이 자라나며 성인이 되어 병에 걸리고 심지어 죽음의 벼랑으로 떠밀려 가고 있는 이 거대한 문명사회에서 아이들을 지켜내야 합니다. **'건강 훈육'이야 말로 요즘 시대에 정말 중요한 부분입니다.** 우선 부모 자신의 건강을 위해 정말 중요한 부분을 조금씩 개선해 나가다 보면 부모의 건강이 좋아지며 아이들의 건강 습관도 잡혀 나가게 될 것입니다.

거대한 가공식품의 습격,
면역의 컨트롤 타워인 장내미생물 환경이 망가지고 있다

과자, 라면 및 피자와 같은 가공식품이 우리 아이들의 몸과 마음을 망가뜨리는 주요 원인인데, 여기서 장내미생물을 빼놓을 수 없습니다. 장은 '제 2의 뇌'라고도 불립니다. 장이 건강하지 않으면 짜증이 많고 신경질 많은 아이로 자라나게 됩니다. 장은 아이들의 면역력에도 핵심적인 역할을 담당합니다. 먹은 음식은 위에서 섞이고 소장에서 흡수가 잘되면 몸 안의 에너지로 쓰이게 되는데, 소화 흡수가 안 된 나머지 음식들은 대장을 통과하며 배설의 과정을 거치게 됩니다. 그러나 문제는 너무나 많은 식품 첨가물, 설탕 및 필요 이상의 과다한 단백질과 지방 섭취가 대장을 통과하면서 장내 환경을 부패하게 만든다는 사실입니다. 대장을 많이 통과해야 하는 것은 야채와 과일에 많이 들어 있는 식이섬유입니다. 식이섬유는 장을 깨끗하게 청소할 뿐 아니라 장내미생물에 좋은 먹이가 되기 때문입니다.

최근에 많은 연구를 통해 건강한 사람의 장내미생물과 특정 질병을 가진 사람의 장내미생물에 차이가 있음이 밝혀졌습니다. 앞서 말씀드렸듯이 장내미생물의 환경이 안 좋아지면 비만 발생에 직접적으로 영향을 미칩니다. 뿐만 아니라 면역, 정신질환, 암 발생 및 대사 질환 등이 장내미생물과 직접 또는 간접적으로 연관되어 있다고 보고되고 있어서 요즘 장건강에 대한 관심이 높아지고 있습니다(Gomma et al., 2020).

장내미생물은 크게 유익균과 유해균으로 나눌 수 있습니다.

유익균보다 유해균의 수와 힘이 세질 때 우리 몸에는 다음과 같은 증상이 나타나기 시작합니다.

우선 면역체계가 약화됩니다. 음식물을 섭취하면 면역에 문제를 일으키는 외부 항원도 함께 장 점막을 통해 유입되는데 장내미생물은 외부 항원이 적군인지 아닌지를 파악하여 면역반응을 일으키는 1차 방어를 하게 됩니다. 장내미생물 환경이 안 좋아지면 장누수 증후군이 발생되어 음식물에 의한 노폐물 및 외부 항원이 혈액 속으로 유입됩니다. 그야말로 몸속 혈액이 노폐물과 병을 일으키는 외부 항원으로 충만하게 되어 인체 내 면역시스템이 너무나 바빠지게 됩니다. 인체 내 면역시스템도 한계가 있기에 장에 점점 누수현상이 생기면 우리 몸은 노폐물이 가득해지고 면역력이 떨어지는 그야말로 건강에 있어서는 저질체력으로 바뀌게 됩니다. 이뿐만이 아닙니다. 장내미생물 환경이 안 좋아지면 발암유전자 발현 억제에 문제가 생기며, 장속으로 흘러들어온 탄수화물을 분해하여 비타민 및 엽산과 같은 영양소를 만드는 부분에도 효율성이 떨어지게 됩니다.

대표적인 신경전달 물질이자 '행복 호르몬'으로 널리 알려진 세로토닌은 90%가량이 장 내에서 만들어진다고 보고됩니다. 세로토닌은 장과 뇌가 서로 소통할 수 있도록 연결해주는 물질로 식욕을 조절할 뿐 아니라, 더욱더 몸을 움직이게 하여 활동성 있는 사람으로 만들어 주는 중요한 호르몬입니다. 세로토닌은 아이들이 햇빛을 쬐며 신나게 신체놀이를 할 때 최고조로 분비됩니다. 이 세로토닌은 아이들의 뇌 성장에도 절대적으로 중요한 호르몬입니다. 그러나 운동도 잘 안하는 아이들이 온갖 가공식품과 패스트푸드를 먹으면 장내미생물 환경이 망가져 세로토닌 분비에 문제가 생기기 시작합니다. 이러한 세로토닌 분비가 계속 저하되면 뇌에서 몸을 더 안 움직이게 하고, 오히려 식욕을 조절하는 호르몬이 망가져서 비만으로 가는 악순환 고리에 빠지게 됩니다. 장내미생물 환경을 잘 보전하는 것은 아이들의 평생건강 토양을 마련하는 데에 너무나도 중요합니다. 면역체계가 성장기에 잘 만들어지면 병과 잘 싸우며 암에 잘 걸리지 않는 몸으로 살아갈 수 있는데, 면역 컨트롤타워를 하는 가장 중요한 부분이 바로 장내미생물 환경으로 지목되고 있습니다.

'우리 아이에게는 하루에 좋은 프로바이오틱스 한 봉지를 꼭 먹이고 있는데 잘하고 있지요?'라고 강연 뒤 질문을 받은 적이 있습니다. 물론 가능하면 안 먹이는 것보다 좋은 프로바이오틱스를 먹이는 것이 좋을 것입니다. 장내 건강이 중요한 것을 알고 계시는 부모님이니 감사한 일이지요. 그러나 모든 식습관이 엉망인데, 즉 장내 유해균의 먹이가 되는 식품첨가물과 설탕, 그리고 패스트푸드 등을 먹고 있는데, 그 몸속에 프로바이오틱스와 같은 서플리먼트supplement(보충제)를 챙겨 준다한들 그것은 그다지 큰 효과를 발휘하지 못할 것입니다. **우선은 가공식품을 줄이며 조금씩 야채와 과일, 그리고 곡물을 먹는 몸으로 바꾸어 주는 것이 장내미생물 환경을 좋게 만드는 비결**입니다.

먹지 말아야 할 것을 먹지 않게 하는 것이 가장 중요한 건강 양육입니다. 최근 수학계의 노벨상, 필즈상을 수상한 미국 프린스턴 대학교 수학과 교수 및 한국 고등과학원 수학부 석학 교수인 허준이 교수가 유명세를 탔지요. 허준이 교수의 아버지인 허명회 고려대 통계학과 교수는 아들을 어떻게 양육했는지에 대해 인터뷰했습니다.

> "부모가 자녀교육에서 중요한 것은 해야 할 일보다 하지 말아야 할 일을 알게 하는 것입니다."

그렇습니다. 병에 걸리지 않고 이 거친 세상을 이겨 나갈 수 있는 몸과 마음의 체력을 키워 주기 위해 가장 중요한 것은 우선

하지 말아야 할 것, 먹지 말아야 할 것에 대한 습관을 들여 주는 것입니다.

건강을 해치는 치명적인 식사 습관, 야식을 먹는 아이들

설탕이 많이 함유된 후라이드치킨과 피자와 같은 고지방의 패스트푸드 음식은 너무 자주 그리고 너무 많이 먹으면 아이들의 건강에 분명 안 좋습니다. 그러나 이보다 이런 가공식품을 자기 전, 즉 야식으로 먹으면 건강을 해치는 가장 치명적인 식사 습관이 됩니다. 야식은 솔직히 정말 맛있습니다. 그래서 지방에 놀러 가서 저녁에 늦게까지 놀다 보면 함께 야식을 먹을 때도 있습니다. 삶의 질까지 떨어뜨릴 필요는 없으니 아주 가끔은 편하게 야식을 누리곤 합니다. **문제는 '야식 습관'입니다.** 과자, 빵, 라면과 같은 가공식품과 치킨, 피자와 같은 패스트푸드는 야식을 부르는 주범입니다. 야식 습관이 들면 저녁 식사 후 자기 전 어떠한 음식이라도 넣지 않으면 참지 못하는 건강에 치명적인 습관이 생깁니다. 왜 자꾸 치명적이라는 극단적인 말을 하는지 야식이 건강에 나쁜 이유를 설명해 드리도록 하겠습니다.

밥, 면, 빵과 같은 탄수화물은 소화가 되는 데 대략 2~3시간 정도가 걸립니다. 그러나 단백질과 지방은 평균 5시간 또는 그 이상이 걸리기도 합니다. 자기 전에 음식을 먹으면 자는 동안에 위와 각종 장기는 쉬지 못하고 먹은 음식물을 소화하고 있어야 합니다. 그러나 인간의 몸은 수면 중에는 몸을 회복recovery하는 데 에너지를 쓰기 때문에 몸통에 있는 장기들은 심장 외에 다 쉬어주어야 합니다. 또한 종일 쌓였던 스트레스와 부정적인 감정들도 수면 중에 뇌에서 쓰레기들을 처리하는 중요한 일을 합니다. 종일 쌓였던 염증 물질과 과다한 영양 섭취로 인한 몸속의 노폐물 등도 자는 동안 처리를 해야 병이 생기지 않습니다. **인간의 몸은 하루하루 노폐물을 잘 처리하며 '회복'의 과정을 거쳐야 병으로 가는 것을 막을 수 있습니다.** 자는 동안의 이런 '온전한 회복'을 경험하지 못하면 아침에 일어났을 때 몸이 무겁고 밥맛이 없고 급기야는 병든 닭마냥 피곤하여 잠자리에서 잘 일어나지 못하는 몸이 됩니다. **야식은 자는 도중 온전한 회복을 못하게 하는 주범**입니다. 또한 야식을 하게 되면 몸 안에 쌓인 과잉의 칼로리와 노폐물을 지방에 쌓아 놓게 되어 비만이 가속화됩니다. 노폐물은 위험한 물질이기 때문에 인간의 몸은 어떻게든 노폐물을 처리하려고 지방에 쌓아 두게 됩니다.

저녁에 오래 깨어 있을수록 야식증후군에 걸릴 위험이 높아진다

성장기 아이들은 저녁에 깨어 있으면 있을수록 배가 고프게 마련입니다. 인간의 몸은 섭취한 에너지를 많이 쓰다 보면 에너지를 더 보충하라는 신호로 위stomach에서 그렐린ghrelin이라는 호르몬을 분비하며 식욕을 올립니다. 그렐린 호르몬이 뇌에 전달되어 배고픔을 느끼게 되는 것이지요. 이 그렐린이라는 호르몬은 식사 시간 즈음에 분비되어 우리가 맛있게 식사를 하게 됩니다.

그러나 문제는 저녁 11시 이후까지, 즉 늦게까지 깨어 있으면 그렐린 호르몬이 엄청나게 분비되기 시작한다는 점입니다. 그러면 아이들은 참지 못하고 과자, 라면, 치킨, 피자가 먹고 싶어집니다. 그렐린이라는 호르몬이 많이 분비될수록 식욕이 올라가 무엇을 먹어도 정말 맛있게 느껴집니다. '시장이 반찬이다'라는 말이 있습니다. 시장하면 무엇을 먹어도 맛있지요. 이것이 그렐린 호르몬이 많이 분비될 때 느끼는 현상입니다. 아이들이 흔히 먹는 야식 음식들의 대부분은 설탕과 고열량 지방 음식이며, 위에서 말한 대로 중독성이 강하며 염증 물질을 분비하여 살찌고 대사질환이 발생하는 데에 최적의 음식입니다.

요즘 아이들을 보면 두 가지 패턴이 발견됩니다. 저녁 식사 이후에 바로 고열량의 간식을 먹는 경우와 저녁 식사 이후에 소화를 시킨 후 자기 전 야식을 먹는 경우입니다. 이 두 가지 모두 건강에 큰 폐해를 가져옵니다. 저녁 7시 이후에 하루 섭취 에너지의 50% 이상의 음식을 먹는 패턴이 굳어지면 이를 '야식 증후군'이라 하는데, 이 야식 증후군의 주범은 과자, 아이스크림 및 기름이 많이 들어 있는 육류와 패스트푸드가 원인입니다. **우리 아이가 이러한 야식습관을 가지고 있다면 자는 동안에 '온전한 회복'에 실패하게 되고 피로에 잘 일어나지 못하고 짜증을 많이 내는 아이로 자라나게 됩니다.** 특히 다음날의 생체리듬이 흐트러지게 됩니다.

아이들은 저녁 9시 이후에 수면 호르몬인 멜라토닌이 분비되기 시작합니다. 그러면서 잠이 오기 시작하고 이른 시간에 잠자리에 드는 것이 정상적인 수면 패턴이지요. 그러나 밤 11시 이후에까지 잠자리에 들지 않으며 야식을 하면 수면 대사에 문제가 생깁니다. 야식은 자는 동안의 수면의 질을 현격히 떨어뜨립니다. 또한 다음날 아침 눈을 뜰 때 분비되는 코르티솔이 호르몬의 분비 타이밍을 흐트러뜨립니다. 코르티솔 호르몬은 아침에 분비가 증가하면 뇌가 각성되어 잠을 깨워줄 뿐 아니라 몸 안에 대사 엔진을 돌려주어 신체활동을 할 수 있는 몸으로 만들어 줍니다.

코르티솔 호르몬은 아침에 식욕을 올리는 호르몬마저 증가시켜 밤새 썼던 에너지를 보충하게 하는 역할을 합니다.

"엄마! 배고파요 밥 주세요!"

아침에 이렇게 말하는 상태가 자는 동안에 회복을 잘했다는 증거입니다. 이러한 상태가 아침에 코르티솔 호르몬 분비 등 생체시계가 제대로 돌아가는 상태라 할 수 있습니다. 그러나 야식을 잔뜩 먹고 자면 코르티솔 호르몬 분비 저하로 몸이 천근만근으로 눈도 안 떠질 뿐 아니라 식욕은 최악의 상태가 되어 아침을 거르는 아이가 됩니다.

아침에는 과일과 양질의 탄수화물 및 단백질을 잘 먹어 주어 하루 시작할 에너지를 공급해 주어야 합니다. 힘을 내는 에너지뿐 아니라 뇌에 이러한 에너지를 공급하지 못 한 채 점심까지 가면 뇌의 활성화에도 문제가 생겨 피로한 뇌가 됩니다. 아침 식사가 아이들에게 중요하다는 것은 부모님들이 어느 정도는 알고 계신 것 같습니다. 그래서 어떻게든 아침을 먹이고 등교시키려 하는데 정작 아이는 전날 라면과 같은 야식을 먹고 잤다면 아침을 먹는다는 것이 정말 고역이 아닐 수 없습니다.

아침 식사를 거르는 습관이 계속되면 건강을 해치게 되는 또 다른 이유가 있습니다. 아침 식사를 안 하는 사람들 대부분이 하루 섭취해야 할 칼로리를 저녁 식사 때 채웁니다. 아까도 말씀드렸듯이 저녁 7시 이후에 하루 섭취해야 할 칼로리를 50% 이상 먹는 패턴이 생기면 그것을 '야식증후군'이라고 합니다. 이런 습관이 무언가 몸에 나쁘니 '증후군'이라는 말이 붙여졌겠지요.

> 최근 하버드 의대 수면의학 연구팀이 저녁의 늦은 식사가 에너지 섭취 관련한 식욕조절 호르몬과 에너지 소비 관련한 열발생에 어떠한 영향을 미치는지에 대해 'Cell metabolism' 이라는 네이쳐 수준의 저명한 잡지에 그 결과를 발표하였습니다(Vujović et al., 2022). 이 실험에서 결과에 영향을 줄 수 있는 영양소 섭취, 신체 활동, 수면 등의 요소들을 엄격하게 통제하면서 피험자를 아침, 점심, 이른 저녁에 먹는 정상적인 그룹(이른 식사 그룹Early eating group)과 아침을 건너뛰고 점심, 저녁, 늦은 저녁에 먹는 그룹(늦은 식사 그룹Late eating group)으로 나누어 실험을 진행했습니다. 두 그룹 간 섭취하는 칼로리는 동일하게 설정하였습니다.

그 결과 늦은 식사를 하는 것은 기상 시간에 에너지 소비를 감소시키는 결과를 나타냈습니다. 이는 코르티솔 호르몬이 제대로 역할을 못 한 결과일 것입니다. 또한 늦은 식사 그룹은 24시간 심부 체온을 감소시키는 것으로 나타났습니다. 이는 에너지 소비마저 감소했음을 나타내는 결과입니다. 게다가 늦게 식사한 그룹은 렙틴과 그렐린의 식욕조절 호르몬에 문제가 생겨 배고픔이 증가하는, 즉 계속해서 먹고 싶어지는 체질로 바뀌게 되는 결과를 보여주었습니다.

즉 **'아침 식사를 안 하면 저녁 식사에 많은 양의 식사를 하게 되고, 저녁에 많은 양의 식사는 점점 에너지 소비를 감소시키며 반대로 에너지 섭취는 증가시키는, 즉 비만을 유도하는 체질로 바뀌게 됨'**을 규명하였습니다. 허준의 동의보감에서도 낮에는 먹고 움직이며, 해가 지면 쉬고 잠이 들어야 병이 생기지 않는 자연의 이치를 얘기하고 있습니다. 그렇습니다. 현대인에게 대사 질환과 암이 급증하는 이유, 아이들의 비만과 대사질환이 급증하는 이유는 밤에 높은 칼로리의 음식을 많이 먹기 때문입니다. 낮에는 부지런히 신체활동을 하며 음식을 먹고, 밤에는 되도록 쉬고 일찍 잠드는 습관이 아이들에게 너무나도 중요합니다.

저녁의 늦은 식사는 당뇨를 유발하며 비만을 부르는 주범이다

건선에 걸렸던 제가 건강을 되찾기 위해 철저하게 루틴으로 지켰던 것은 아침과 점심을 제시간에 먹고, 저녁은 이른 시간에 먹도록 노력한 점입니다. 저녁 식사 이후에는 물이나 차 이외에 철저히 아무것도 먹지 않았습니다. 저녁에 먹는 양만 줄여도 건강이 굉장히 좋아집니다.

이와 관련으로 최근 연구를 하나 더 소개해 보고자 합니다. 노르웨이 과학 기술 대학교 소속 Women's Clinic, St. Olav's Hospital의 모홀트 교수 연구팀은 과체중 및 비만 여성을 대상으로 7주간의 시간 제한 식사Time restrict eating와 고강도 인터벌 트레이닝High intensity interval training이 신체조성 및 당뇨병 수치에 미치는 영향에 대해 최근 Cell metabolism지에 결과를 보고하였습니다(Haganes et al., 2022). 시간 제한 식사 그룹은 낮 동안 하루 10시간 안에서 마음껏 음식을 섭취할 수 있게 했습니다. 그 결과, 고강도 인터벌 트레이닝과 저녁 늦게까지 편하게 음식 섭취를 한 그룹에 비해, 고강도 인터벌 트레이닝을 하며 시간 제한 식사, **즉 낮 동안만 식사를 하게 한 그**

룹은 내장 지방량뿐 아니라 당뇨병 수치를 월등하게 감소시키는 결과를 가져왔습니다.

이 결과는 어찌 보면 당연할 수 있습니다. 우리가 같은 종류, 같은 칼로리를 낮이 아닌 저녁에 먹으면 몸에 에너지 흡수하는 효율이 떨어집니다. 저녁에 많은 양의 식사는 인슐린 저항성을 유발합니다. 다른 연구를 살펴보면, 비만 남성에게 5주에 걸쳐 낮시간에만 먹을 수 있도록 저녁에서 낮시간으로 섭취 타이밍을 이동한 것만으로도 인슐린 저항성 수치뿐 아니라 혈압 수치가 현저히 개선되었을 뿐 아니라 저녁에 식욕을 불러 일으키는 호르몬도 안정이 되는 결과를 보였습니다(Sutton et al., 2018).

저녁에 황제같이 먹는 습관은 몸을 망가뜨리는 지름길입니다. 매일 야식을 먹으면 위와 장의 기능도 떨어지게 됩니다. 가뜩이나 몸도 움직이지 않는데 매일 저녁에 높은 칼로리의 식사를 하고, 거기에다 수면의 질마저 문제가 생기는 패턴이 계속되면, 다음날의 생체시계가 망가지는 악순환으로 빠지게 됩니다. 야식습관은 건강을 해치는 치명적인 습관이니 반드시 조금씩 개선을 하셔서 온 가족이 건강 습관을 잘 들이시기를 부탁드립니다.

4

수면 부족에 빠진 아이들

아이들의 수면장애가 심각하다

요즘 성장기에 있는 한국 유아 및 청소년의 평균 수면시간이 너무나 짧아지고 있습니다. 급성장기에 있는 13~18세 청소년은 8~10시간의 수면이 필요한데, 2020년 한국청소년정책연구원의 보도자료에 의하면 우리나라 중학생의 평균 수면시간은 7시간 18분, 고등학생은 6시간 3분으로 밝혀졌습니다(한국청소년정책연구원, 2020). OECD국가 청소년들의 평균 수면 시간 8시간 22분과 비교하여 우리나라 청소년들의 수면시간이 매우 부족합니다.

어린이들의 수면 현황도 심각합니다. 서울대 의대 환경보건센터 홍윤철교수 연구팀과 그의 공동연구진은 우리나라의 경우 7~8세 아동의 86.1%가 9시간 미만으로 수면 부족이 심각하다고 지적했습니다. 수면 재단National Sleep Foundation에서는 초등학교 가기 전 어린이는 10~13시간, 초등학생은 9~11시간을 적정 수면시간으로 권고하고 있습니다.

요즘 많은 아이들이 수면장애sleep disorder에 시달리고 있다고 합니다. 흔히 불면증은 성인들만의 증상으로 생각하는 경우가 많은데 상당수의 소아 또는 청소년들이 다양한 종류의 수면장애 증상들이 보고되고 있습니다. 소아 청소년에 있어서 불면증의 누적 유병률은 약 10~20% 정도에 달한다고 보고되고 있습니다. 소아 청소년기에 양질의 잠을 자지 못하면 쉽게 흥분하며 집중을 못하는 아이로 자라나게 됩니다. 수면장애가 있는 아이들에게는 다음과 같은 증상이 나타난다고 합니다(한진규, 2022).

1. 낮에 놀다가 꾸벅꾸벅 조는 시간이 늘고 피곤해 할 때
2. 수면 중 몸을 자주 뒤척이거나 움직이며 잘 때
3. 엎드려 자는 수면 자세가 종종 관찰될 때
4. 잘 먹는데도 불구하고 체격이 또래 아이에 비해 유난히 작을 때

5. 짜증을 잘 내고, 노는 모습이 공격적일 때

6. 또래보다 악기 및 운동을 배우는 능력이 더딜 때

자기 전 과격한 게임 및 스마트폰 사용이 수면의 질을 떨어뜨리고 있다

요즘 아이들이 수면장애를 겪는 원인 중 하나는 밤이 되어도 놓지 못하는 온라인 게임 및 스마트폰 사용에 있습니다. 예를 들어 자기 전에 과격한 게임 및 스마트폰을 통한 유튜브 시청 등을 하면 스트레스 호르몬이라고 불리는 코르티솔 호르몬 분비가 증가합니다. 원래 코르티솔은 오전에 최고조로 분비되다가 저녁에는 그 분비량이 최저점을 찍어야 합니다. 그래야 수면 호르몬인 멜라토닌 호르몬이 잘 분비됩니다.

멜라토닌 호르몬이 분비가 되면서 자연스럽게 졸음이 쏟아져 수면에 들어가야 하는데 요즘 아이들은 자기 전에 스마트폰으로 SNS를 하고 유튜브를 보며 온라인 게임을 즐깁니다. 그러면 코르티솔 호르몬의 분비가 증가되어 뇌의 교감 신경이 항진되는 상태, 즉 뇌의 각성 상태가 됩니다. 그뿐만이 아닙니다. 스마트폰에서도 나오는 청색광blue light은 눈의 시신경을 자극하여 수면 호르몬인 멜라토닌 호르몬 분비를 급속도로 감소시킵니다.

유럽과 같은 외국에 가보면 호텔이든 가정이든 저녁에 밝지 않게 조명을 켜고 있는 것을 볼 수 있습니다. 한국의 **밝고 휘황찬란한 밤조명과 더불어 스마트폰 사용이 대한민국을 수면장애공화국으로 만드는 데 일조**를 하고 있습니다. 늦게나마 잠이 들어도 이미 수면을 관장하는 멜라토닌 호르몬 분비가 감소되어 있기 때문에 깊은 잠을 못 자는, 즉 수면의 질이 현저히 떨어지는 상태가 됩니다.

건강을 해치는 치명적인 야식 습관에 대해서도 앞서 말씀드렸듯이, 야식 또한 수면장애를 일으키는 또 하나의 큰 주범입니다. 하루하루 수면에 실패하면 다음날 아침 코르티솔 호르몬 분비 이상으로 오전에는 못 먹고 못 움직이며, 오후와 저녁이 되면서 정신과 몸이 또렷해지는 저녁형 인간으로 점점 바뀌게 됩니다. 위에서 언급했듯이 저녁에 많이 먹으면 몸은 반드시 고장이 납니다. 늦은 밤까지 활동하고 많이 먹는 습관은 건강을 해치는 악습관이라 말할 수 있습니다.

인간의 몸은 낮에 신체활동을 하며 먹고, 밤에는 쉬도록 설계되어 있다

최근 대학생의 생활 습관을 조사한 적이 있습니다. 어느 학생이 다음날 특별한 일정이 없으면 보통 새벽 3~4시경에 잠들고 아침 10~11시경에 일어난다고 합니다. 수면시간이 7시간이기는 하나 몸이 매일 피곤하다고 합니다. 어렸을 때부터 늦게 자는 습관이 있어 오후 10시대에 잠드는 것은 거의 상상도 못한다 합니다.

세계보건기구 산하 국제암연구소는 '야간 근로'를 2군 발암물질로 규정했습니다. 야근을 가습기 살충제와 같은 2군 발암물질로 규정할 만큼 밤늦게까지 활동하면 몸이 망가집니다. 인간의 몸은 낮에 일하고 신체활동을 하며 먹고, 밤에는 쉬도록 설계되어 있습니다. 인간과 반대로 쥐와 같은 야행성 동물들은 낮에 자고, 밤에 먹이를 먹고 활발하게 활동할 수 있습니다.

밤부터 새벽까지 깨어 있다가 아침 늦게까지 자는 생활을 반복해서 계속하게 되면 몸에 상당한 피해가 가게 됩니다. 아무리 많이 자도 인체의 생체 주기 리듬을 바꾸지는 못한다는 것이 정설입니다. 우리 아이들이 밤 늦게까지 깨 있으면 깨 있을수록 수면 호르몬의 리듬이 깨지며 다음날 생체 주기도 망가뜨리는 악순환이 큰 문제로 대두되고 있습니다. 인체는 하루만 제대로 못 자도 몸 안의 대사 효율이 3~40% 이하로 떨어질 정도로 숙면은 우리 아이들의 건강에 필수적 요소입니다. 수면장애가 계속되면 식욕조절 호르몬에 혼란을 주고 비만을 유발하는 렙틴 저항성이 생기며, 비만과 당뇨를 유발하는 인슐린 저항성마저 유발하게 됩니다. 스마트폰과 TV, 그리고 야식 습관으로 인한 수면장애가 우리 사회 어린아이들의 건강을 해치는 또 하나의 커다란 파도임을 알아야 합니다.

수면 부족은 몸 안에 노폐물이 쌓이게 하며 대사 질환에 취약한 체질로 바꾼다

TV가 없던 이전의 세대에는 저녁에 할 일이 없어 빈둥대다가 일찍 잠들고 일찍 일어나는 생활 패턴이었습니다. 그러나 요즘 거대한 문명 사회 안에서 밤에 할 수 있는 일들이 많아지면서 아이들의 수면이 부족해지고 있습니다. 사람에게 자는 동안은 종일 쌓인 노폐물을 처리하며 신체를 회복하고 성장을 이루는 가장 중요한 시간입니다.

우리 몸은 과잉으로 섭취된 음식으로 인해 노폐물뿐 아니라 세포의 시체, 몸 안에 들어온 여러 바이러스 시체들, 세포 안에서 대사 뒤에 나오는 대사물 등 많은 노폐물이 생성됩니다. 산소와 영양분은 동맥을 통해 보내져 모든 세포에게 쓰이고 난 뒤에 노폐물을 배출합니다. 1차적으로 정맥에 노폐물이 모아져 땀과 소변 등으로 배출됩니다. 이뿐만이 아닙니다. 우리 몸에는 정말 중요한 노폐물 배출 시스템이 존재하는데 그것을 '림프계'라고 합니다. 이 림프시스템이 망가지면 몸 안에 노폐물을 처리 못해 목숨을 잃을 정도로 정말 우리 몸에는 너무나도 중요한 부분입니다. 우리 몸의 노폐물은 우리가 생각하는 것보다 굉장히 나쁘고 강력합니다. 신장 기능이 망가져 노폐물을 몸 밖으로 빼내지 못하면 인간의 몸은 굉장히 위독한 상태에 빠지게 되므로 노폐물을 잘 처리하는 것이 얼마나 중요한 것인지 잘 알 수 있습니다. **수면시간은 하루에 쌓인 노폐물을 배출하는 골든 타임입니다.** 노폐물 배출에 문제가 생기면 몸 안에 염증이 이곳저곳에 퍼져 나가게 됩니다. 즉 몸 안 이곳저곳에 불이 나는 형국입니다. 수면시간은 단순한 휴식의 시간이 아닙니다. 자는 동안에 몸은 쉬는 것 같지만 그 긴 시간 동안 몸 안의 림프관을 통해 노폐물을 활발히 배출합니다. 그뿐만이 아닙니다. 성장 호르몬이 분비되어 뼈와 근육에 새로운 세포를 만들고 자율신경계가 균형적으로 작동하도록 재정비합니다. 교감신경과 부교감신경의 밸런스인 자율신경계의 조절이 원활히 이루어지지 않으면 면역력이 떨어질 뿐 아니라 수면 호르몬인 멜라토닌 분비에도 악영향을 미칩니다. 이토록 수면이 중요합니다. 최근 수면과 뇌의 노폐물이 관련된 더욱더 중요한 사실들이 밝혀지고 있어 소개하도록 하겠습니다.

잠을 자면서 뇌의 노폐물을 씻어내지 못하면 뇌 성장에 문제가 생긴다

순환계의 노폐물을 처리하는 시스템인 림프계를 앞에서 설명했습니다. 그런데 뇌에는 림프계가 존재하지 않습니다. 뇌에 생긴 노폐물을 어떻게 처리하고 있는지에 대해 오랫동안 과학자들이 밝히려고 노력했으나 알려진 바가 없었습니다. 그동안 과학자들은 뇌에서 발생한 노폐물 처리 과정에 대해 파악하려 노력해 왔습니다. 그러던 중 2012년에 드디어 뇌에도 노폐물을 제거하는 세척 메커니즘이 있다는 점을 발견했다고 마이켄 네더

가드Maiken Nedergaard 교수팀이 발표했습니다(Iliff et al., 2012). 이 연구에서 뇌척수액이 동맥을 둘러싼 세포를 통해 뇌세포 사이의 공간interstitial space으로 침투해 여기에 쌓여 있는 노폐물을 쓸어내서 뇌 밖으로 빠져나간다는 결과를 발표한 것입니다. 네더가드 교수팀은 이듬해인 2013년에 'Stroke'라는 뇌졸중 관련 최고 권위의 잡지에 'Is there a cerebral lymphatic system?(대뇌에도 림프계와 같은 것이 존재할까?)'라는 논문을 게재하며 뇌 속에 '글림프 시스템glymphatic system'이라는 새로운 개념에 대해 보고합니다(ILiff and Nedergaard, 2012). 뇌의 노폐물은 글림프 시스템을 통해 뇌 속의 정맥을 둘러싼 교세포로 들어가 뇌 밖으로 빠져나간 뒷목에 있는 림프계와 합류한다는 것입니다. **몸 안의 노폐물을 '림프 시스템'으로 배출하는 것과 같이 뇌의 노폐물은 '글림프 시스템'을 통해 씻어낸다는 것**이 그 뒤의 많은 관련 후속 연구로 밝혀졌습니다(Bohr et al., 2022).

숙면을 못 해서 뇌의 노폐물을 제대로 씻어내지 못하면 우리 아이들의 뇌에 무슨 문제가 생길까요? 뇌의 무게는 대략 1에서 1.5kg 정도로 체중의 2% 미만에 불과합니다. 그러나 몸 전체 에너지 사용량의 20%에서 많게는 30%까지 육박할 정도로 상당히 많은 에너지를 사용합니다. 이 작은 장기에서 학습하고 기억

하며 감정을 조절하는 것뿐 아니라 몸 안에 일어나는 모든 부분에 대해 감지하고 지령을 내리는 컨트롤타워 역할을 합니다. 성장기에 이 뇌가 제대로 자라지 않으면 평생 노후화된 컨트롤타워를 가지고 모든 일을 해내야 하는 어려운 상황에 빠지게 됩니다. 성장기의 어린 아이들은 보고 느낀 것을 뇌에 저장하며 활발하게 사용합니다. 활발하게 사용되는 뇌는 신경전달 호르몬 등 많은 호르몬(단백질로 구성)을 만들어 사용하며, 그만큼의 단백질 노폐물도 뇌에 축적됩니다. 뇌척수액이 신경 세포 주변을 흐르며 쌓여 있던 노폐물을 씻어내는 글림프 시스템은 수면 중에 많게는 10배까지 활성화된다고 보고되었습니다. 단백질 노폐물 중 문제가 되는 것은 아밀로이드 베타Aβ 또는 Abeta와 같은 물질인데, 이 물질을 제대로 처리하지 않으면 성인 및 노인의 경우 알츠하이머 병이 유발될 정도로 반드시 처리되어야 하는 물질입니다.

하루의 시작을 잘하려면 질 높은 수면이 중요하다

아이들이 양질의 수면을 하면 뇌의 노폐물을 잘 처리하게 되어 개운하게 깨어나게 됩니다. 하루의 시작을 잘하려면 질 높은 수면을 취하는 것이 무엇보다 중요합니다. 뇌의 가운데에는 중뇌中腦라는 기관이 위치하고 있는데, 중뇌는 몸 전체를 조절하기 위한 호르몬 분비를 총지휘하는 곳입니다. 몸을 움직이고 싶게 하고 너무 과하게 먹지 않게 되며 잠을 잘 자는 것도 이런 호르몬 체계가 잘 운영이 되어야 하는 것입니다. 호르몬 체계가 망가져 있는 상태에서는 아무리 아이들의 습관을 교정하려 해도 오히려 싸움만 날 뿐, 부모와 아이와의 사이만 벌어질 뿐입니다. 수면 중 뇌의 성장은 대뇌에서도 일어납니다. 뇌의 바깥쪽 대부분은 뇌 속 깊이 주름진 대뇌大腦가 자리 잡고 있으며 기억, 지능, 언어 및 감정 등 기억력 및 학습능력뿐 아니라 인격과 품성을 조절하고 있는 중요한 부분입니다. 수면은 이러한 뇌의 성장을 키워 주는 너무나도 중요한 시간입니다.

대안학교의 중학교 1학년 여학생과 대화할 일이 있었습니다. 어렸을 때는 총명한 것 같았는데 요즘 좀 멍한 것 같아 급성장하는 시기라 그런가 하고 있었습니다. 이것저것 이야기를 하다가 보통 몇 시에 자냐고 물었더니 보통 12시에서 1시에 잔다고 합니다. 그래서 "왜 그렇게 늦게 자는 거야, 그러면 다음날 피곤하잖아"라고 말했더니, "예 피곤하긴 한데 저녁에 잠이 안 와요… 몇 시에 자면 되는데요?"라고 물어서 대답했습니다. "아무리 늦어도 11시는 넘기면 안되지. 중학교 1학년 정도면 적어도 10시 즈음에는 자야지"라고 했더니 그 아이는 너무나 놀랍니다. "그렇게 일찍 자는 애들이 어디 있어요? 저희는 11시, 12시에도 메신저 등 할 것이 얼마나 많은데요. TV도 봐야 하구요." 그렇습니다. 요즘 아이들은 늦게 잡니다. 늦게까지 해야 할 재미있는 오락거리가 너무나 많습니다. 아이들의 수면 습관을 하루아침에 바로 잡기는 어려우나 우선 집안 전체가 조금씩 시간을 앞으로 당기며 일찍 자는 습관을 들이기 시작해야 합니다. 수면전문클리닉의 한진규 의사가 기술한 〈4-7세, 수면을 잘해야 아이가 알아서 공부합니다〉의 소제목과 내용의 한 부분이 눈에 들어옵니다.

'12세 이전의 수면이 평생 수면으로'

부모 스스로가 바뀌지 않으면 아이의 수면의 질과 패턴 또한 절대 바뀌지 않는다는 것을 명심해야 합니다. 본인들은 늦게까지 핸드폰을 손에 쥐고 있으면서 아이가 일찍 자기를 원하는 것은 어불성설語不成說이라 할 수 있죠.

수면 부족은 비만을 유발하는 중요한 원인

수면장애는 아이들의 비만을 부르는 중요한 원인 중 하나입니다. 수면장애로 인해 몸에서 제대로 노폐물을 처리를 못 하면 몸 안의 염증물질 수치가 높아지며 인슐린 저항성을 유발합니다. 인슐린 저항성이 생기면 높아진 혈당을 내리는 데 더 많은 인슐린을 사용하게 되며 지방을 더 쌓게 됩니다. 비만 치료 및 예방을 위해서는 운동과 영양관리를 잘 해 주는 것뿐 아니라 잘 자는 것도 너무나 중요한 요소입니다. 운동, 음식 및 수면의 세 축이 함께 잘 돌아갈 때 비만을 예방하며 튼튼한 몸으로 잘 자랄 수 있으며, 이렇게 성장한 아이들은 성인이 되어서도 별다른 질병 없이 이 거친 세상을 튼튼한 체력으로 이겨 나갈 수 있습니다.

늦게 잠을 자며 잘못된 생활 습관, 즉 낮에 신체활동을 적게 하고 고열량의 지방 및 설탕 음식을 먹으며 저녁에 많은 양의 음식을 먹는 습관, 그리고 자기 전 스마트폰, TV 및 밝은 조명에 노출되는 습관으로 인해 멜라토닌 분비에 문제가 생기면, 식욕을 조절하는 호르몬 체계가 망가져 낮 시간에 단 음식이 당기고 과식을 하게 되는 체질로 점점 바뀌게 됩니다.

멜라토닌 호르몬은 수면을 유도할 뿐 아니라 수면 중 지방을 태우는, 즉 지방산화를 증가시키는 중요한 역할을 합니다. 따라서 수면의 양과 질이 저하될수록 자는 동안에 지방을 잘 태우지 못하는 몸으로 바뀌게 됩니다. 이토록 수면이 비만 예방에 중요합니다. 현재 30대, 40대 남자 성인의 비만율은 50%가 넘을 정도로 심각한 상황입니다.

직장이 끝나면 집에 가서 쉬어야 하는데 야근이다 회식이다 해서 밤에 못 쉬고 수면의 양과 질이 떨어지는 사회적 문제가 계속되고 있습니다. 우리 아이들의 수면 습관을 어렸을 때부터 잡아주어야 합니다. 부모님부터 조금씩 잠자리에 드는 시간을 당겨 가며 아이들과 좋은 수면 습관을 갖게 되면 몸은 이전에 비해 상당히 좋아질 것으로 확신합니다.

필자는 스포츠영양학Sports Nutrition을 전공하고 있습니다. 일반인의 경우는 어떠한 운동을 하면서 어떻게 영양섭취를 해야 건강할 수 있는지, 선수의 경우는 고강도 훈련에 맞춰 어떠한 음식들을 어떠한 타이밍에 섭취해 줘야 최상의 퍼포먼스를 발휘하며 매일매일의 컨디션을 유지할 수 있는지를 연구하며 가르치고 있습니다.

그러나 20년 이상 연구를 진행하며 뼈저리게 느낀 것은, 수면의 양과 질이 떨어지면 아무리 운동을 많이 하고 좋은 음식을 먹어도 건강을 지키기 어렵게 된다는 사실입니다. 필자가 수면 전공을 한 학자가 아님에도 이 책에 수면 주제를 넣은 이유는 우선 바른 수면이 되지 않으면 우리 아이들의 건강에 치명적인 결과가 오기 때문입니다.

필자가 건선이라는 무서운 병에 걸렸을 때 가공식품을 끊음과 동시에 고치고자 노력했던 것은 수면 습관입니다. 이전에는 12시가 한참 넘어야 잠이 드는 습관을 가졌는데 이제는 별일 없으면 10시대에 잠자리에 듭니다. 처음부터 10시대에 잠을 청하는 것은 어렵지만 아침에 일어나는 시간을 일정하게 가져가면 점점 이른 시간에 잠이 오는 습관을 가질 수 있습니다. 일찍 잠이 드는 것에 습관을 들이면 다음날 하루가 이전보다 피곤하지 않고, 이전보다 더욱더 활동적이며 움직이는 몸으로 바뀌게 되는 것을 체험하시게 될 것입니다.

충분한 수면을 취하지 않으면 학습능력이 떨어지고 부주의, 행동과잉 및 충동성이 강한 아이로 자란다

필자가 고등학생 때 12시가 넘어가도록 공부하고 있으면 어머니께서 주무시다가 방 문을 열고 부스스한 눈을 하시며 "잠을 자야지… 몸 상하면 어떻게 하려고 그래… 어여 자라"라고 늘 얘기하셨던 모습이 기억납니다. 어머니께서는 매번 저에게 "어여 자라"라고만 하셨던 것 같습니다. 그때는 늦게 자면 몸에 피해가 가는 것도 잘 몰랐었습니다. 그러고 나서 다음날 학교에 가면 피곤해서 수업 시간에 졸기 바쁘고 쉬는 시간에도 잠을 꽤 많이 잤던 기억이 납니다.

고등학생이었던 1990년대 초반 방과 후 독서실을 다녔습니다. 저녁에 늘 졸면서도 그래도 시간을 채운다고 새벽 1시에 나오는 습관을 고수했었던 것 같습니다. 그러나 저녁 9~11시 사이에는 어김없이 독서실에서 졸음으로 사경을 헤맸고 어떤 날은 수학 정석 문제집을 베고 자다가 침을 너무 많이 흘려서 그 누글누글해진 정석책을 갖다 버리기까지 했습니다. 이러니 고등학생 때 그리 공부를 잘하지 못했습니다.

고2 때였습니다. 반에서 늘 1등을 도맡아 하는 친구와 친했습니다. 그 친구는 시험기간에도 늘 일찍 자고 늦게까지 공부하는 법이 없었습니다. 낮에 운동도 열심히 하고 잘 놀던 친구였는데 도대체 이 친구는 언제 공부하나 싶었죠. 이 친구는 모든 수업시간에 조는 법이 없었고 상당한 집중력으로 낮 시간에 열심히 공부를 하던 모습이 기억납니다. 이 친구집에서 시험 기간에 같이 자고 공부하면서 얼마나 손해를 본지 모릅니다. 저는 당일치기 하려면 새벽까지 해야 하는데 이 친구는 시험 전날인데 설렁설렁 공부하고 나하고 자꾸 놀려고 했습니다. 그러더니 제가 안 놀아주니까 일찍 자버리는 것이 아닙니까? 지금 생각해 보면 공부도 나의 잘못된 수면 습관으로 정말 비효율적으로 했었던 것 같습니다.

최근에 홍윤철 서울대 의대 환경보건센터 교수팀은 '아동의 수면 시간과 IQ(지능지수) 점수와의 관련성 연구' 결과를 'Inter-national Journal of Behavioral Medicine'이라는 저명 국제학술지에 발표했습니다.

연구팀은 만 6세 아동 538명을 대상으로 수면 시간과 아이큐 점수 사이의 연관성을 분석했습니다. 그 결과 수면시간이 늘어날수록 언어적 IQ 점수가 높아지는 경향이 나타나며, 잠자는 시간이 적은 남자아이의 경우 잠을 8시간 이하로 잔 경우, 10시간 이상 잠을 잔 아이보다 아이큐 점수가 유의하게 낮은 것으로 밝혀졌습니다(Lee et al., 2022).

더 나아가 수면의 양뿐 아니라 수면의 불규칙성 또한 학업성취도 저하와 관련성 있는 것으로 밝혀졌습니다. 미국 하버드의대의 수면의학 연구팀이 및 메사추세츠 공과대학의 연구팀과의 공동연구를 통해 발표한 결과를 살펴 보면, 수면에 드는 시간 및 일어나는 시간이 불규칙한 그룹은 그렇지 않은 그룹에 비해 학업 성적이 낮은 것을 관찰했습니다(Phillips et al., 2017).

즉 수면에 드는 시간, 수면의 양 또는 아침에 일어나는 시간이 들쭉날쭉 불규칙할 때 인체의 일주기리듬에는 혼란이 오고 이는 인지기능 등 뇌의 기능을 저하시켜 학업성적을 낮추는 것으로 보입니다(Short and Chee, 2019; Lövdén et al., 2020). 미국 하버드의대의 수면의학 연구팀이 및 메사추세츠 공과대학의 연구팀은 수면의 불규칙성으로 인해 시신경으로 들어오는 빛의 양에도 혼란이 와 수면조절 호르몬에 영향을 미칠 가능성을 제기합니다. 이외에도 수면에 문제가 생기면 학업 성취도를 저하시킨다는 많은 수의 논문들이 최근 보고되고 있습니다(Suardiaz-Muro et al., 2020; Barlaan et al., 2022).

만성적인 수면 부족은 집중을 잘하지 못하고 부주의하며 행동과잉 및 충동성이 강해지는 것과도 큰 관련성이 있는 것으로 최근 밝혀지고 있습니다. 스마트폰 및 TV 매체 등의 과잉 사용 등이 수면을 방해하며 집중을 못하는 아이로 만들고 있습니다. 또한 과도한 학업 스트레스로 인해 늦은 밤까지 공부를 진행했을 때 일주기리듬의 혼란으로 인한 수면장애를 초래합니다. 장기적으로 수면량이 부족해지고 수면의 질이 저하가 되어 수면장애가 생긴 어린이 및 청소년은 우울증 및 울증과 조증을 반복하는 양극성을 가지는 아이로 점차 변하게 된다고 경고하고 있습니다(Comsa et al., 2022). 이러한 상태는 집중력 문제를 가져오고 학업 장애를 일으키며 교우와의 관계 등 사회적 관계 장애마저 일으키게 됩니다(Comsa et al., 2022).

그래서 수면장애를 겪고 있는 아이들이 우울증을 동반한 채, 증가하고 있습니다. 이뿐만이 아닙니다. 요즘은 잘 앉아 있지 못하는 주의력결핍과잉행동증후군Attention-Deficit Hyperactivity Disorder, ADHD 아이들도 기하급수적으로 늘고 있습니다. ADHD는 스펙트럼이 너무나 방대해서 겉에서 보이는 증상, 예를 들어 정말 정신없이 뛰어다니는 아이들만 ADHD라 하지 않습니다. 좀 얌전해 보이는데 오래 앉아 있기 힘들어 하고 주의력이 산만하며, 선생님이 말씀하시는 것이 잘 이해가 안 되는 아이들도 ADHD의 스펙트럼 안에 포함된 경우가 많습니다.

ADHD의 증가도 수면 부족이 큰 원인으로 지목되고 있습니다. 아이들의 수면 문제에 관련한 국제적 논문을 체계적으로 고찰한 논문을 살펴보면, 성장기 어린이의 학업 성적, 성인기가 되었을 때 성공적인 인간관계 및 직장 생활 등 모두 건강한 수면Healthy sleep이 큰 영향을 미치는 것을 알 수 있습니다. **건강한 수면은 그 무엇보다도 어린이의 ADHD를 예방할 수 있는 결정적 요인이라는 것을 강조**하고 있습니다(Hvolby, 2015). 우리 어른들조차도 잠을 좀 못 자면 그 다음날 차분하지 못 하고 좀 정신이 없으며 뭔가 조급해지는 현상을 경험하셨을 것입니다.

혹시 요즘 내 아이가 학습에 집중을 못하고 있지는 않은지요?
오래 앉아 있는 것을 힘들어 하지는 않는지요?

학업 능률이 잘 안 오를때 그 해답을 학습법에서만 찾으면 안 됩니다. 우선 충분한 수면을 취하고 있는지, 수면 전 생활 습관이 잘못되어 있지 않은지 등 세심한 관심이 필요합니다. 너무나 늦게 자거나, 잠자리에 드는 시간이 불규칙하다면 밤늦은 야식과 게임 및 스마트폰 사용 습관 등을 파악하며 부모님과 함께 서서히 수면 습관을 바꿔야 합니다. 아이들만 바꾸는 것은 절대 쉽지 않습니다. 우선 아이들을 바꾸기 전에 부모님의 생활 습관이 조금씩 바뀌면 집안의 전체 수면 패턴, 일주기 리듬 패턴은 반드시 좋아지게 됩니다.

과도한 스트레스 환경을 줄여 주자

어리면 어릴수록 스트레스에 취약합니다. 아이들은 과도하게 불안한 경쟁심리 안에서 자랄 때 스트레스에 취약한 어린이로 자라게 됩니다. 특히 자라나는 성장기에 과도한 경쟁, 학업에 대한 질책과 압박에 시달리거나, 가정환경에 불화가 생기면 그 스트레스로 인해 수면에 문제가 생기게 됩니다.

아이가 이전에 비해 잠을 잘 못 자지는 않는지요?
이전에 비해 많이 뒤척이지는 않는지요?
아침 일어날 때 많이 피곤해 하지는 않는지요?

우선 우리 아이들에게 스트레스가 없는지 관찰해 보면 좋습니다. 아이들은 감정이 상하거나 억눌린 환경, 즉 평안한 환경 속에서 자라지 못할 때 스트레스가 생깁니다. 이러한 스트레스가 장기적으로 계속되면 수면 부족으로 이어지는 경우가 많습니다. 문제는 이러한 수면 부족을 인체가 스트레스로 인식하여 더욱더 수면의 질을 악화시키는 악순환의 패턴이 생긴다는 것입니다. 근본적인 원인을 해결하되 우리 아이들에게 스트레스 주는 환경은 줄여주는 노력을 기울여야 합니다.

뛰어놀지 못하는 아이들,
스트레스 내성에 약해지고 수면장애를 일으킨다

계속되는 스트레스와 불안 증세로 정신과 치료를 받는 청소년 수가 증가하고 있다고 합니다. 사실 스트레스의 정도가 그리 크지 않다면 큰 걱정은 안 해도 됩니다. 어느 정도의 스트레스는 우리 아이들이 무언가를 해내게 하는 원동력이 되기 때문입니다. 그러나 아이들에게 너무 심한 스트레스가 계속해서 반복되면 수면의 질이 현저히 떨어지게 됩니다. 이 정도가 되면 스트레스의 요인을 적극적으로 줄여 주어야 합니다. 또한 이 험한 세상을 살아 나가기 위해서는 스트레스 내성을 키워주는 것이 너무나도 중요합니다. 활발한 신체활동, 즉 운동과 신체놀이는 자라나는 아이들에게 스트레스 내성을 키워주는 최고의 묘약입니다. 활발한 신체활동은 스트레스를 받는 상황에서 과다하게 분비되는 코르티솔 호르몬 분비를 저하시킵니다. 스트레스가 많은 아이는 낮 중에 코르티솔 호르몬이 과도하게 분비되어 밤에 분비되는 멜라토닌 수면 호르몬을 교란시키고 수면의 질을 떨어뜨리게 됩니다.

낮 중의 코르티솔 호르몬의 생체 주기 리듬을 안정화하는 데 무엇보다도 가장 좋고 필수적인 것은 운동 및 신체놀이와 같은 활발한 신체활동입니다. 이 부분은 앞서 신체활동 부분에서 이미 설명을 했습니다. 여기서 말씀드리고 싶은 것은 **건강한 수면을 위해서는 어릴 때 햇빛을 쬐며 신나게 뛰어놀게 해야 한다**는 것입니다. 요즘 자라나는 청소년에게 우울증 환자가 증가하고 있는데, 우울증은 다양한 부분이 존재하나 운동은 이 모든 유형의 우울증에 효과가 있습니다. 잠을 뒤척이거나 수면시간이 줄어든 것뿐 아니라 잠을 너무 많이 자는 것도 우울증으로 가는 증상 중 하나입니다. 우울증에 걸리기 전에 스트레스와 불안에 강한 아이로 자라게 하려면 햇빛을 쬐며 신나게 뛰어놀게 해야 합니다. 아이들과 부딪히며 싸우기도 하고 화해도 하며 신나게 웃으며 뛰어놀게 해야 합니다.

〈아이들을 놀게 하라〉의 저자 파시 살베리Pasi Sahlberg와 윌리엄 도일William Doyle은 아이들의 몸뿐 아니라 두뇌와 마음을 성장시키는 데 신체놀이가 얼마나 중요한지 잘 알려 주고 있습니다. 우리 부모님 세대가, 우리 부모 세대가 어린 시절에 마음껏 뛰어놀았던 시절을 다음 세대에게 최대한 물려 주어야 합니다. 신체놀이가 주는 사회적, 인지 및 정서적 이득, 신체적 이득은 다른 어떠한 것으로도 대체 불가능합니다. 잘 뛰어노는 아이들은 낮은 불안감과 높은 자신감 및 자존감으로 평생 수면 걱정 안 하고 살 수 있습니다. 성장기가 수면 건강 토양을 만드는 황금기이며 그 중심에는 신체놀이가 있다는 것을 잊지 말아야 합니다.

3부

부모와 아이의 건강이 회복되는 신체활동, 영양, 수면의 2-2-2 건강 Points

*

건강한 삶은 매일 반복하는 행동이 만든 결과물입니다. 현재 우리 부모님들이 어떻게 몸을 움직이며, 무엇을 먹고, 적절한 수면을 취하는지 등 평소의 생활 습관이 노후의 건강상태를 결정합니다. 우리 아이들에게도 마찬가지입니다. 어렸을 때의 생활 습관은 무의식적으로 반복하는 행동으로 나타나게 됩니다. 이 장에서는 뇌와 각 기관이 튼튼하게 성장하는 데에 반드시 실천해야 할 6가지 요소, 즉 신체활동 두 가지, 영양 섭취 두 가지, 수면 두 가지의 **2-2-2 건강 Points**를 소개하고자 합니다. 이 6가지를 모두 다 한꺼번에 반복하고 지속하여 습관화를 시키는 것은 쉽지 않을 수 있습니다. 우선 우리 부모님들께서 함께 실천하시며 바꿔 나갈 수 있는 부분을 중심으로 작은 습관화를 만들어 가는 방법을 나누도록 하겠습니다. 자, 그러면 우선 건강한 체력 토양을 다지는 데 반드시 필요한 신체활동 습관의 2가지 포인트에 대해서 이야기하겠습니다.

1

건강 체력의 토양을 만들기 위한 2가지 신체활동 건강 Points

Point 1

일상생활에서 좌식 생활을 깨뜨리자

[전략 1]

움직일 수 있는 환경을 만들어 주기

성장하는 가운데 몸을 많이 움직이는 습관화가 몸에 배려면 아이들에게 몸을 움직이고 싶게 하는 놀이와 장소 등의 환경을 제공해 줘야 합니다. 아이들이 함께 뛰어놀 수 있는 환경이 사라지고 있는 거대 문명 아래에서는 부모가 적극적으로 이러한 환경을 만들어 줘야 합니다.

일본의 문부과학성에서 아이들의 신체활동량을 증가시키는 효과적인 방법을 다음의 총 4가지로 제시하고 있습니다. (일본문부과학성, 2010)

- **첫째, 신체활동 실천에 대한 '격려와 칭찬'**
- **둘째, 신체활동을 할 수 있는 '장소'로 데려다주기**
- **셋째, 몸을 '함께' 움직이기**
- **넷째, 부모가 평소에 신체활동 실천에 '모범'을 보이기**

이 4가지 방법이 아이를 움직이게 하는 최선의 방법이라고 필자는 확신합니다. 중요한 부분이니 이 4가지 부분에 대해 잘 이해하고 실천하면 좋겠습니다. 이 내용은 계속 반복해서 언급해 드리도록 하겠습니다.

첫째, '칭찬은 고래도 춤추게 한다'라고 하였습니다. 아이들에게 훈계도 중요하지만, 우리 아이들은 칭찬과 인정받음으로 더욱더 성장합니다. 우리 아이가 너무나 안 움직인다면 앞으로 신체활동을 했을 때 적극적으로 그리고 구체적으로 칭찬해 주면 큰 도움이 됩니다. 가령 딸아이가 율동을 하면, 손의 움직임이 너무 아름답다 등 구체적으로 칭찬하는 것이 중요합니다. 줄넘기를 하면 '이전에는 10개 했는데 이번에는 20개나 했네!'라고 구체적으로 폭풍 칭찬을 해 주도록 합시다. **아이들을 움직이게 하는 것은 끊임없는 관찰과 관심 그리고 칭찬**입니다.

둘째, 부모가 운동 및 신체놀이를 해 줄 수 없다면 아이가 몸을 움직일 수 있는 운동장 또는 운동 관련 학원으로 데려다주면 좋습니다. 성장기의 아이들은 몸을 최대한 많이 움직여야 합니다. 너무 바빠 아이들과 못 놀아 주는 부모님도 많을 것입니다. 데려다주는 일도 많은 시간과 노력이 필요한 부분입니다. 그렇다면 아이들이 걸어가서 운동할 수 있는 학원 및 장소를 알아봐주고 스스로 가게 하도록 도와주어야 합니다.

셋째, 아이들과 신체놀이를 해 주는 것이 아이의 정서뿐 아니라 신체건강에 최고입니다. 시간이 되면 신체를 움직일 수 있는 공원에 가서 신나게 놀아 주는 것이 아이에게 최고입니다. 꼭 돈을 쓰는 곳에 가서 놀아야 아이들이 행복해하는 것이 아닙니다. 아이들이 몸을 맘껏 움직일 수 있는 자연으로 나가 부모와 눈을 마주치며 함께 놀아주는 것이 최고의 방법입니다.

넷째, 아이들은 부모를 보고 자랍니다. 부모가 종일 스마트폰과 TV로 시간을 보내고 있으면 아이들은 그 환경에 지배를 받아 습관이 몸에 배게 됩니다. 아이가 건강하기를 바란다면 우선 부모가 몸을 움직이는 습관을 갖는 것이 너무나도 중요합니다. 부모님께서 운동습관을 가지시면 우리 아이들도 그런 부모를 보고 자라 성인이 되어 운동하며 몸을 관리하는 아이로 자랄 것입니다. 부모가 운동을 하고 몸이 튼튼해지면, 아이들이 얼마나 신체활동, 운동을 안 하는지 보이게 될 것입니다. 부모님부터 운동에 관심을 가지는 것이 중요합니다. 건강한 부모 밑에 건강한 아이들이 자랍니다. 우리 아이들을 위해서라도 꼭 운동을 실천하는 부모가 되기를 소망합니다.

[전략 2]

스마트폰은 유아기부터 철저하게 차단하기

스마트폰의 절제 없이 신체활동 증가를 이야기하기는 어려운 세상이 되었습니다. 아무리 신체활동 증가 전략을 이야기해 본들, 스마트폰을 과다 사용하고 있는 아이들에게 신체활동을 증가시키기란 너무 어려운 일입니다. 요즘 스마트폰 중독이 너무 심각합니다. 평생의 체력과 체형이 정해지는 성장기에 스마트폰의 과다 사용으로 모두가 거북목이 되어 가고 있으며 몸과 마음에 악영향을 미치고 있습니다. 방과후 학원에서 공부하는 시간도 많은 요즘 아이들에게 공부 외의 시간은 스마트폰 사용으로 채우고 있어 신체활동의 저하가 너무나도 심각합니다. 하루 중 많은 시간이 공부와 게임 및 온라인 매체 시청으로 꽉 채워지고 있는데 시간을 더 내어 운동 습관을 기른다는 것은 너무나도 어려운 일입니다. '나가서 좀, 운동 좀 해!' '나가서 줄넘기라도 좀 해라'라고 아이들에게 요구한들 절대로 지켜지지는 않습니다.

아이들이 스마트폰을 사용하면 할수록 마음속에 '중독'의 공간이 커져만 가고 깊어져 가는 것이 큰 문제입니다. 그 중독의 공간을 매일매일 안 채우면 급기야는 불안감과 우울증에 시달리게 됩니다. 이러한 중독을 막을 수 있는 방법은 어린 나이부터 아예 미디어 매체를 차단하는 방법입니다. 예방은 최선의 치유라 하듯이 아기 때부터 스마트폰 사용을 차단하는 것이 가장 확실한 방법입니다. 어느 스마트폰 개발자 임원진은 그의 자녀들에게 성장기가 지날 때까지 스마트폰을 절대 주지 않는다고 이야기를 들은 적이 있습니다. 어린 나이에 스마트폰을 사용하면 뇌의 성장에 막대한 피해를 주는 것을 잘 알고 있기 때문일 것입니다. 과자 회사의 임원진이 자신의 자녀들에게는 과자를 먹이지 않았다는 이야기와 같은 맥락이겠지요. 한두 살의 어린아이에게 스마트폰으로 여러 영상들을 보여 주면 부모는 외식할 때 밥도 먹을 수 있고 집에서도 편한 시간을 보낼 수 있겠지요. 그러나 스마트폰을 뺏으면 그 강렬한 쾌락을 대체할 것이 없어 아이들은 뒤로 나자빠지며 울며불며 스마트폰을 내놓으라 하는 악순환에 빠지게 됩니다.

그렇게 유아기를 스마트폰과 자란 아이들은 커가며 스마트폰 중독에 걸릴 수밖에 없습니다. 이렇게 자란 아이들은 밖에서 뛰어노는 것보다 스마트폰에서 나오는 강렬한 영상과 게임이 더욱 재미있을 수밖에 없습니다. 아직 자녀에게 스마트폰을 쥐어 주지 않았다면 최대한 스마트폰 사용을 차단시켜야 합니다. 스마트폰을 사용하지 않는 아이는 몸과 마음에 채워야 할 공간을 신체활동과 책 읽기를 통한 상상력으로 채워가며 최적의 몸과 마음의 성장을 이루어 낼 수 있습니다.

또한 **아이들에게는 심심한 시간이 주어져야 정상적인 몸과 마음의 성장이 이루어질 수 있습니다.** 심심한 시간이 주어질 때 아이들은 스스로 놀이를 찾게 됩니다. 심심할 때 스마트폰에 손이 가거나

TV를 트는 아이들은 신체놀이의 기회를 박탈당하게 됩니다. 창의력이 뛰어나고 몸이 튼튼한 아이로 자라나게 하기 위해 절대로 스마트폰은 건네주지 말아야 합니다. 유아기 때 좀 편하려고 스마트폰을 건네주면 그 뒤에 오는 대가지불은 오로지 부모 몫이 됩니다. 그런데 우리 아이가 스마트폰을 이미 많이 사용하고 있다면 어떻게 해야 몸을 자주 움직이는 아이로 기를 수 있을까요?

[전략 3]

아이들의 여가 시간, 신체놀이로 마음속 공간 채워 주기

우리나라 사람들이 여가 시간에 가장 많이 하는 활동은 '스마트폰 이용'이라고 합니다. 특히 저연령층일수록(10대 77%) 여가 시간에 스마트폰을 이용하는 비중이 너무나 높은 것을 알 수 있습니다(IT 동아일보, 2019년 7월 3일 보도). 초등학생만 하더라도 10명 중 8.7명은 스마트폰을 보유하고 있으며 초등학생 스마트폰 중독이 점점 심각해지고 있다는 여론 매체의 조사를 쉽게 접할 수 있습니다. 유·아동 아이들은 절제력이 없어 스마트폰 사용을 관리해 주지 않으면 스마트폰 과다 사용, 과몰입에 빠지기 쉽습니다.

위에도 언급했듯이 스마트폰 게임과 영상 시청은 아이들에게 너무나 강한 자극으로 다가옵니다. 쉴새 없이 몰아치는 강렬한 자극이 끊임없이 발생하기 때문에 더욱더 몰입하게 되고 다른 활동은 점점 하지 못하게 됩니다. 이러한 증상을 워싱턴 대학의 데이비드 레비David Levy 교수는 '팝콘 브레인'이라 지칭하였습니다. 강렬한 자극에만 뇌가 팝콘처럼 튀며 반응한다는 의미입니다. 스마트폰에 중독된 뇌는 전두엽의 성장과 활동을 억제해 현실감각과 주의력이 크게 떨어지는 아이로 변화시킵니다.

이러한 아이들은 강렬한 자극에만 전두엽이 활성화되는 비정상적인 뇌로 자라게 됩니다. 그것뿐만 아니라 충동 조절 능력이 저하되고 불안장애 및 수면장애가 옵니다. 이러한 아이들은 대인관계마저 미숙하게 되며 성인이 되어도 혼자 있게 되는 고립형 인간으로 자라나게 됩니다. 이미 스마트폰을 사용하고 있다면 반드시 관리를 해주기 시작해야 합니다. 아이들의 스마트폰 중독의 제일 큰 원인은 부모의 관리 부족, 부모의 부주의라고 보고되고 있습니다. 신체활동을 늘리는 방법은 우선 스마트폰 사용을 관리해 주기 시작하는 것입니다. 물론 이 부분은 정말 힘든 싸움일 것입니다.

우리 아이가 하루 4시간 이상 스마트폰을 사용한다면 중독에 가깝다고 판단하시면 됩니다. 스마트폰의 피해는 상상 이상으로 막강합니다. 반복해서 말씀드리지만 스마트폰 과다 사용은 성장기의 뇌 발달에 치명적입니다. 강압적으로 스마트폰을 빼앗는다던가, 아무런 설명 없이 스마트폰 사용을 심하게 제한해 버리면 반드시 심한 충돌이 일어날 수밖에 없습니다. 아이들의 뇌에 박힌 강렬한 유혹을 갑자기 참기란 너무 어려운 일이기 때문입니다. 그래서 차근차근 조금씩 접근하여야 해야 합니다. 그리고 반드시 대체물 및 보상을 마련해야 합니다. 물론 스마트폰 사용만큼 강렬한 대체물을 찾기란 어렵습니다.

그러나 스마트폰 사용 시간을 조금씩 줄이기 위해 아이들의 여가 시간을 채워 줄 대체물을 반드시 찾아야 합니다. 그 대체물의 최고는 '신체놀이' 입니다. 땀을 흘리며 헉헉거리는 유산소성 신체놀이는 세로토닌 호르몬을 왕성히 분비시켜 스마트폰 중단으로 발생되는 불안 및 여러 금단 현상을 잠재워 줍니다. 세로토닌 호르몬은 아이들의 마음을 진정시켜 주며 안정감을 최고조로 올리는 호르몬입니다. 어떻게든 스마트폰을 내려놓고 뛰어놀 수 있는 환경과 방법을 마련해야 합니다. 그래야 스마트폰에 빠져 장시간 앉아 있는 좌식 생활을 깨뜨릴 수 있습니다. 신체놀이

만큼 아이들의 마음속의 공간을 튼튼하게 채워 줄 수 있는 것은 없습니다. 스마트폰을 완전히 끊는 것은 우선 어려우니 30분 단위로 보는 시간을 약속하고 그 약속을 지킨 다음에 그 외의 활동을 하게 하는 것이 좋습니다. 다음은 스마트폰을 내려놓으며 움직이는 몸으로 바꾸기 위한 방법들이니 상황에 맞춰 활용하시기 바랍니다.

스마트폰을 내려놓고 할 수 있는 활동 11가지

1. 아이들이 있을 때 부모님도 스마트폰을 과도하게 사용하지 않기
2. 바깥에서 뛰어놀 수 있는 공원 또는 놀이터로 데리고 나가기
3. 집안 청소를 함께 하기
4. 요리할 때 돕게끔 하기
5. 도서관에 자주 데리고 가기
6. 아이의 연령대에 맞는 놀잇감 키트를 주문해 주기•
7. 줄넘기 및 배드민턴을 하러 나가기
8. 스킨쉽을 자주 해 주고 몸놀이 해 주기
9. 실뜨기 및 큐빅과 같은 오감을 자극하는 놀이 하기
10. 아이들 연령대에 맞는 보드게임을 접해 보기
11. 인터넷 중독 예방 교육에 보내기

이외에도 우리 아이가 가장 좋아하는 것을 찾고 할 수 있도록 계속 노력해야 합니다. 요즘은 밖에서 노는 아이들을 좀처럼 찾아볼 수가 없습니다. 아이들을 최소 3명 이상만 모이게 해 보십시오. 시간과 공간을 마련해 주면 저희들끼리 알아서 놀게 되어 있습니다. 스마트폰에 익숙해진 아이들은 처음에 함께 어울려 잘 놀 수 없지만 인내를 가지고 기다려 주면 심심한 시간을 통해 아이들이 조금씩 스스로 놀기 시작합니다. 우리 아이들에게 해 줄 수 있는 최고의 시간은 아이들끼리 모여 신나게 뛰어노는 시간을 마련해 주는 것입니다.

가능하다면 놀이터가 잘 되어 있어 아이들이 많이 모이는 환경에 사는 것이 방법입니다. 학교 끝나고 운동장에서 신나게 뛰어놀 수 있는 환경도 좋습니다. 이사를 갈 때도 주의 깊게 살펴봐야 할 항목은 **'아이들이 신나게 신체놀이를 할 수 있는 환경이 있는가?'**입니다. 현대문명이 우리 아이들의 놀이터를 빼앗았고 아이들끼리의 신체놀이할 시간을 빼앗아 버렸습니다. 아이들에게 스마트폰 사용을 줄일 수 있는 최고의 방법은 아이들끼리 모여서 놀게끔 환경을 만들어 주는 것입니다. 아이들끼리 좀 싸우더라

• 예: 피카비 플레이키트, https://peekaby.com/

도 그냥 놓아두어야 합니다. 토라지고 싸우며 신체놀이를 통해서 다시 화해하고 노는 사회성도 배웁니다. 부모님들이 너무 개입하면 아이들의 사회성 발달에 문제가 생깁니다.

이미 몸을 거의 움직이지 않는 아이를 위해서는 어떠한 노력을 해야 할까요?

현재 뇌신경 및 몸 안에서의 호르몬 체계가 몸을 움직이기 싫어하는 상태로 되었기 때문에 무리해서 운동을 시키는 것은 오히려 역효과가 날 가능성이 큽니다. 운동이 중요하다는 것을 깨달았다고 해서 부모가 갑자기 아이의 의사에 상관없이, 아무런 설명도 없이 태권도장에 보내면 아이는 오히려 마음에 불만이 쌓이며 더욱더 움추러들 수 있습니다.

유치원생이든 초등학생이든 아이들에게 눈을 마주치며 친절히 설명을 해 주어야 합니다. 이런 설명은 반복하고 지속하는 것이 최고입니다. 다음과 같은 간단한 설명만으로 충분합니다.

'운동하면 심장에서 펌프질을 힘차게 해서 머리에 있는 뇌까지 산소와 영양분을 풍부하게 보내 준단다.'

'운동은 머리를 똑똑하게 하고 공부도 잘하게 해준단다.'

'운동을 하면 키가 쑥쑥 자라게 되지'

'많이 뛰어놀면 튼튼해져서 감기에 걸리지 않아.'

저는 가끔 아이들에게 건강하고 유익한 방송을 Youtube를 통해 보여 줍니다. EBS에서 만든 『최고다! 호기심딱지 시즌 4 - 심장의 상태를 알려주는 맥박!』과 같은 영상은 입체 영상을 통해 몸 안의 심장과 혈관에 대해 보여 주고 몸의 움직임이 얼마나 중요한지 잘 학습시켜 주는 아이들을 위한 유익한 영상입니다.• 구독 또는 즐겨 찾기 기능을 써 아이들에게 자주 보여 주면 좋습니다.

자라나는 아이들에게 무엇을 반복적으로 들려 주고 보여 주느냐가 굉장히 중요합니다. 아이들이 즐겁게 볼 수 있게 만들어져서 지루하지 않게 볼 수 있습니다. 일반 공교육에는 건강을 위한 학습이 너무나 부족합니다. 자라나는 아이에게 건강 교육은 너무나도 중요합니다. 이러한 것을 학교가 챙겨줄 수 없다면 부모가 영상으로라도 챙겨 보여 주면 좋습니다. 아이들도 왜 움직여야 하는지, 왜 운동을 하면 좋은지 이유를 알아가면 운동 습관

• 유튜브, '최고다! 호기심딱지 시즌 4', 2023.7.31.
https://www.youtube.com/watch?v=ZBv9vGonk4Q

을 만드는 데 굉장히 중요한 씨앗이 될 것입니다. **아이들은 보고 듣는 대로 자라기 때문입니다.**

집에서 영상을 틀고 율동을 하든지, 아이가 밖에서 갑자기 공에 흥미를 보여 몸을 조금씩 움직이든지, '아이가 몸을 움직이는 행위'에 대해 이제부터 기뻐하며 칭찬을 해 주면 좋습니다. 이 부분은 바로 위에서도 말씀드렸지만 중요한 부분이니 다시 말씀드립니다. 아이들은 항상 칭찬받으며 인정받기 원합니다. **자신이 몸을 움직이고 운동하는 신체활동과 같은 행위에 대해 부모가 너무나 기뻐하는 모습을 보면 아이의 뇌리에 '몸을 움직이는 것은 기쁘고 행복한 행위구나'라는 것이 더욱더 각인이 됩니다.** 저는 아들이 밖에서 축구를 하고 오면 격하게 좋아해 주고 안아 주고 축구 경기에 대해서 물어보며 관심을 표합니다. 딸아이가 갑자기 율동을 하면 박수 쳐주며 너무나 잘한다고 격하게 반응해 줍니다. 이러면 신나서 꽤나 오랫동안 율동을 합니다. 몸을 움직일 수 있도록 부모가 반드시 환경을 만들어 줘야 합니다. 부모가 만들어 주지 않으면 아이들은 움직임이 없이 하루하루를 보내게 됩니다.

부모님께서 집안 청소할 때도 우리 아이와 신체활동 할 수 있는 좋은 기회입니다. 용돈을 주며 칭찬을 하며 함께 청소를 하다 보면 신나게 신체활동을 하게 됩니다. 우리 아이가 어떠한 신체 놀이 또는 운동을 좋아하는지 파악해 부모가 그것을 하루에 조금씩이라도 함께 해 보는 것이 중요합니다. 아이들이 움직이려면 부모의 도움이 필요합니다. 아이들이 계속 앉아 있는 것을 깨뜨려야 합니다. 아이들이 오래 앉아 있는 것은 비만을 유발할 뿐 아니라 뇌, 심장과 근육의 성장에 너무나 안 좋은 영향을 미친다는 인식만 부모님이 가지시게 된다면 그것만으로도 앞으로 건강 토양을 만드는 데 중요한 기초가 될 것으로 확신합니다.

Point 2

심장과 뇌가 튼튼해지고 땀을 흘릴 수 있는 단체 운동 하나를 시작하자

[전략 1]

우리 아이에게 줄 수 있는 평생 최고의 선물, 단체 구기 운동

성장기에는 신체활동으로 많은 에너지를 소비해야 합니다. 그래야 뇌를 비롯한 모든 기관이 튼튼해집니다. 하루의 신체활동의 에너지는 운동에 의한 에너지Exercise activity thermogenesis와 운동 이외의 신체활동에 의한 에너지Non-exercise activity thermogenesis, NEAT(니트)로 나뉩니다. '운동'은 건강 또는 시합을 위해서 의도적으로 몸을 움직이는 것을 의미합니다. '니트'는 일상생활에서 몸을 움직이며 에너지를 소비하는 것을 말합니다.

예를 들어, 등교할 때 걸어가기, 청소하기 등 요즘 '니트'를 증가시켜 몸을 건강하게 하고 비만을 예방하는 니트 다이어트가 유행하기도 했습니다. 예를 들어, 출근할 때 세 정거장 전에 내려 걷기, 지하철이나 회사에서 엘리베이터 또는 에스컬레이터 사용 안하기 등이 있습니다. 일상생활에서 많이, 활발히 움직이는 사람은 살이 잘 안 찝니다. 그러나 이런 '니트'를 활용해서 신체활동에 의한 에너지를 올리는 전략은 우리 아이들에게 사용하기가 어렵습니다. 그래서 Point 1에서는 좌식 생활을 깨기 위해서 부모님들이 적극적으로 밖으로 데리고 나가며 함께 활동해 주는 것이 중요하다고 말씀드렸습니다.

많이 바빠서 이러한 부분이 쉽지 않을 경우에는, 땀을 흘리며 헉헉거리는 중강도 이상의 운동을 할 수 있는 운동 클럽에 보내주는 것이 또 하나의 중요한 방법입니다. 운동 습관이 없었던 아이들에게는 처음 운동에 적응하는 데 시간이 좀 걸릴 수 있습니다. 아이들이 최고로 즐거워하며, 스트레스를 받지 않고, 땀을 실컷 흘리며 뛸 수 있는 유산소 운동의 구기 종목(예를 들어, 축구, 농구 등)의 클럽에 보내는 것을 적극 추천합니다. 요즘은 여자아이들도 이러한 운동을 많이 합니다. 축구 및 농구와 같이 어울리며 협동하고 배려해야 하는 팀 스포츠는 아이들의 몸과 마음의 성장에 너무나도 효과적입니다. 최고의 즐거움과 재미를 주는 클럽을 수소문해서 보내는 것이 좋습니다.

성장기 어린이 때 공을 가지고 놀면, 몸과 뇌의 협응 반응이 향상됩니다. 유산소 운동은 뇌 성장에 최고의 명약입니다. '수학도 해야 되고 코딩도 시켜야 하는데…' 그런 학원들만 보내고 앉아서 지내는 시간이 많아지면 우리 아이들의 뇌 성장에 큰 피해를 주게 됩니다. 밸런스를 잘 맞춰 학원을 선택하도록 해야 합니다. 성장기에 있는 아이들에게는 최대한 땀을 흘리며 뛰어놀게 해야 합니다. 심장이 튼튼해지면 풍부한 산소와 영양분을 뇌의 구석구석에 보내어 최고로 튼튼한 몸과 마음의 건강 토양을 만들 수 있습니다. 할 수 있다면 중학생 때도 운동을 시키는 것이 최고입니다. 그러면 고등학생 때 공부해야 하는 체력을 중학생 때 최고조로 키워 놓을 수 있게 됩니다.

중학생 때도 아직 몸과 마음이 성장하는 시기입니다. 특히 남자아이들은 중학생 시기에 폭발적으로 성장합니다. 이 시기에 땀을 흘리며 운동할 수 있는 시간을 확보해 준다면 아이들이 달라질 것입니다. 어린 나이에 운동을 많이 하는 아이들은 불안증세가 가라앉으며 차분해집니다.

특히 남자아이의 부모라면 더 필요합니다. 아이를 집과 학원과 같은 실내에 가둬 키우면 언젠가 마음이 폭발할 수 있습니다. 밖에서 신나게 뛰며 땀을 흘리고 소리 지를 수 있는 시간을 충분히 확보해 주는 것이 무엇보다도 중요합니다. 이렇게 뛰며 땀을 흘리는 아이들은 그만큼 식욕도 좋아져 잘 먹게 되고, 잠도 잘 자는 선순환이 이루어집니다.

그러나 체력이 떨어지면 매사에 짜증과 불평이 끊이지 않으며 뭘 해도 의욕이 떨어지는 아이로 자라나게 됩니다. 요즘과 같이 신체활동량이 너무 부족한 시대에는 운동이 필수입니다. 요즘 시대에는 최대한 몸을 움직이게 하는 방향으로 아이들의 생활환경을 만들어 주어야 합니다.

일본을 보면, 초등학생의 경우 1인 1구기(예를 들어, 농구, 축구, 배구 및 테니스 등)를 합니다. 거의 모든 아이들이 클럽에 소속되어 있어 많은 시간 운동을 합니다. 일본의 학연교육종합연구소에서는 초등학생의 방과 후 학교 외 활동의 랭킹 15위를 조사하여 발표했습니다(일본 초등학생 백서 WEB판, 2022년). 그 순위는 다음과 같습니다.

1위	수영
2위	음악 교실
3위	학습학원
4위	통신 교육
5위	영어 회화 교실
6위	체조 교실
7위	서예·습자
8위	주판
9위	축구 풋살
10위	댄스(발레 이외)
11위	기타 스포츠
12위	무술(유도·가라테·검도 등)
13위	농구
14위	발레
15위	프로그래밍, 로봇 교실

15위 안에 운동이 8개나 포함되어 있습니다. 필자가 일본에서 유학을 하는 동안에 일본 학생들을 보면, 체육 전공이 아니더라도 어릴 때부터 운동 하나씩은 잘 하는 경우가 대부분이었습니다. 미국의 경우도 초등학생 때부터 운동을 하는 데에 많은 시간을 할애하며 1인 1구기 하는 학생들이 많습니다. **운동 시간이 늘어난 아이들은 스마트폰 중독에 빠진 아이들의 행동과 정반대의 행동**

습관이 생긴다고 합니다. 운동 시간이 늘어나면 늘어날수록 폐, 심장, 근육 및 뇌가 건강해지지만, 스마트폰 과다 사용의 어린이는 몸의 각 기관이 최악의 상태로 치닫게 됩니다.

운동 시간이 늘어난 아이들은 식사를 제대로 하게 되고, 몸을 씻고 이불을 정리하는 등 차분한 상태에서 삶의 규모가 생겨나지만, 스마트폰 과다 사용의 아이들은 식사를 제대로 하지 못하고 자기 몸과 주변을 제대로 돌보지 못하는 상태로 점점 바뀌게 됩니다. 운동 시간이 늘어나면 늘어날수록 수면의 질이 좋아져 하루에 쌓인 노폐물을 처리하며 뇌에서 하루 동안에 생긴 불안한 감정을 잘 처리하며 학습데이터를 정리해 주지만, 스마트폰 과다 사용의 아이들은 뇌 안에 잡다하고 과다한 정보가 너무 들어가 뇌에 혼란을 줄 뿐 아니라 숙면을 방해하게 됩니다. 운동 시간은 반드시 늘려줘야 합니다. 하루 한 시간이 아니라 더 많은 시간을 쓰더라도 운동 시간을 많이 할애해 주어야 합니다. 스마트폰의 과다 사용의 대체물에도 운동만큼 효과적인 것이 없습니다.

[전략 2]

최고의 전신운동, 부모와 함께하는 줄넘기

제 아이들은 대안학교를 다닙니다. 제 아내도 그 대안학교의 교사로 근무하고 있습니다. 작년 2학기가 시작될 즈음에 제 아내가 '우리 학교에서 아침 수업 시작 전 줄넘기를 하기로 했어요'라고 했습니다. 그 얘기를 듣고 얼마나 반갑고 기뻤는지 모릅니다. 코로나 시국을 거쳐 오면서 신체활동량이 많이 줄어들며 살이 찌는 아이들이 많아지는 것 같아 좀 걱정이 되던 차였습니다. 그런데 줄넘기 교사가 있는 것은 아니고 30분 동안 전교생에게 그냥 줄넘기 하는 시간을 줄 거라 했습니다.

'아이들이 잘 할 수 있을까?…'

저희 집 막내가 그 대안학교 유치원을 다니고 있어 매일 학교에 데려다주며 아이들 줄넘기하는 것을 보게 되었습니다. 처음에는 아이들이 몇 번 줄넘기 해도 금방 걸리고 힘들어하는 모습을 보였습니다. 그런데 한 달 정도 지나니 많은 아이들이 쌩쌩이(점프해서 줄넘기를 두 번 돌리는 것)를 하기 시작했습니다. 또 한 달이 지나니 쌩쌩이를 한번에 50번 넘게 하는 애들이 나오기 시작했습니다. 다른 아이들은 내가 보지 못한 줄넘기(두 명이 나란히 서서 줄넘기를 각각 하나씩 잡고 줄넘기를 앞으로 크로스 형태로 하는 등)를 하기 시작했습니다.

한 학기가 끝날 즈음에 쌩쌩이를 연속으로 100개 이상 하는 애들이 나오고(쌩쌩이 100개를 연속으로 하려면 심장과 근육이 정말 튼튼해야 합니다), 많은 아이들이 이런저런 형태의 줄넘기를 자유자재로 하는 것이 아니겠습니까. 가르쳐 주지도 않았는데 아이들의 습득력은 정말로 놀라웠습니다. '이런 모습의 전, 후 및 중간 과정을 동영상으로 촬영해 둘 걸…'이라는 아쉬움이 남을 정도였습니다. 아이들에게 줄넘기만 건네주고 시간과 공간의 환경을 주니 아이들은 매일 아침 신나게 떠들며 줄넘기를 합니다. 학교 선생님들이 하는 것은 나와서 아이들에게 계속 칭찬해 주는 것 뿐이었습니다.

"와!! 쌩쌩이 엄청 늘었는데!!"
"와!! 크로스 줄넘기 어떻게 하는 거야?"
"오!! 너 줄넘기 안 하더니 요즘은 잘하네!!"

계속 칭찬해 주고 관심 가져 주면 아이들은 신이 나서 더 줄넘기를 돌려댑니다. 줄넘기는 최고의 전신운동입니다. 점프를 하며 팔을 돌리는 거의 모든 근육을 씁니다. 시간 대비 에너지 소비도 많아 아이들이 금방 헉헉거리며 많은 에너지를 소비합니다. 심혈관 기능을 올리며 산소와 영양분을 뇌뿐 아니라 몸속 구석구석에 보내는 최고의 운동입니다. 줄넘기는 아래 위로 점프하기 때문에 뼈성장, 즉 키크기에 최적의 운동입니다.

요즘 아이들은 걷기, 뛰기의 하체 부분의 움직임도 많이 줄어들었지만 더욱 큰 문제는 상체의 복근 및 배근, 어깨 부근의 근육을 거의 사용하지 않는다는 것입니다. 예를 들어 등 뒤의 어깨 부위 및 허리 둘레의 근육들이 뼈를 잡아 주지 못하면 몸이 앞으로 구부정하게 되고 체형이 뒤틀리게 됩니다.

아이들에게 상체 근육 운동을 따로 시키기에는 너무 어렵습니다. 이전 시골에 사는 아이들은 나무를 타고 땅에서 구르며 상체 근육을 많이 썼지만 요즘 도시 아이들은 근육을 사용하지 않기에 체형이 틀어지며 건강에 심각한 문제가 생긴다고 합니다. 대안학교에서는 아이들을 모아 놓아 시간과 공간의 환경을 만들어 줬기 때문에, 아이들이 서로 놀이가 되고 경쟁도 되어 점점 줄넘기에 불이 붙기 시작한 것 같습니다. 이미 스마트폰에 빠진 아이, 운동을 너무 싫어하는 아이에게 줄넘기를 사주며 독려한들 아이가 혼자 아파트 주차장에 나가 줄넘기를 한다는 것은 사실상 불가능하며 지속성이 없을 것입니다.

처음에는 귀찮게 느껴지시겠지만 부모님께서 시간을 정해 함께 줄넘기를 해보는 것은 어떨까요? 눈을 마주치고 계속 칭찬을 해주며 아이와 놀아 주는 최고의 시간을 만들어 보면 좋을 것 같습니다. 그러면 아이는 신이 나서 줄넘기를 돌려 댈 것입니다. 부모에게 인정받는 시간, 부모와 함께 놀이하는 시간으로 만들어 주기를 바랍니다.

이 줄넘기는 부모님에게도 엄청난 건강의 자산이 될 것입니다. 뼈와 근육이 튼튼해져 이후 골다공증에 걸리는 일이 없어질 것입니다. 심폐지구력이 튼튼해져 피로를 모르는 체력으로 바뀔 수 있습니다. 특히 45세가 넘어가며 상체 근육을 많이 못 쓰고 혈액 순환이 안 되어 오십견 등 각종 병이 찾아옵니다. 줄넘기는 허리디스크, 목디스크 및 오십견을 방지하는 데에 최고의 운동입니다. 몸이 무거웠던 아빠가 아이들과 줄넘기를 하다 보면 조금씩 조금씩 이전의 순발력과 체력이 돌아오며 쌩쌩이 20~30개를 편히 할 수 있는 가벼운 몸으로 바뀔 것입니다.

절대 아이들만 줄넘기하라고 강압적으로 혼자 내보내지 말아 주십시오.

그냥 그 시간을 행복하게 놀아주면 언젠가 아이들은 하나씩 하나씩 줄넘기 능력이 향상될 것입니다. 요즘 학교에서 줄넘기 대회를 많이 합니다. 부모님께서 정말 너무 시간이 없다면 줄넘기 학원을 보내는 것도 방법은 되겠지만, 아이가 억지로 가는 것이 아닌, 정말로 학원 선생님과 학생들이 즐겁게 할 수 있는 곳인지 알아보는 것도 중요합니다. 줄넘기 학원은 아이들에게 또 하나의 짐이 되며 힘들게 견뎌야 하는 곳이 될 수도 있기 때문입니다.

[전략 3]
뇌의 인지 및 협응 기능이 발달하는 배드민턴 운동을 시작해 보기

집안에 각종 공들을 포함해서 배드민턴 채 등 운동할 수 있는 각종 도구들이 있으면 아이들과 언제라도 신체활동을 하기 좋습니다. 신체활동이라기보다는 아이들에게는 최고의 신체놀이가 됩니다. 아이들은 부모와 시간 보내기를 원하는데 아이들과 운동을 하면 부모와 아이의 건강도 지키는 동시에 아이에게 최고의 행복감을 선사해 주는 놀이시간이 됩니다. 어떤 부모님은 아이들과 어떻게 놀아줘야 할지 잘 모르겠다고 하십니다. **아이들에게는 신체놀이를 함께 해 주는 것이 최고의 놀이입니다.**

부모님께서 운동을 못 하셔도 상관없습니다. 차 트렁크에 운동 도구를 싣고 다니며 아이들과 언제라도 신체놀이를 해주면 최고입니다. 공원을 가더라도 아이와 신체놀이를 하는 시간을 많이 가지면 너무나 좋습니다. 좋은 운동이 많이 있지만 배드민턴은 남자, 여자 어린이 할 것 없이 다 좋아하는 운동입니다. 배드민턴은 심장과 근육을 튼튼히 해주는 최고의 유산소 운동일 뿐 아니라 상체 근육을 비롯한 전신근육을 효과적으로 쓸 수 있습니다. 공을 주울 때 허리를 굽히는 행위도 평소 쓰지 않는 허리와 상체 근육을 단련하는 데에 최고입니다. 빠른 셔틀콕을 눈으로 따라가며 배드민턴 채로 맞추는 동작을 통해 뇌의 인지기능 및 협응 능력이 빠르게 발달하게 됩니다. 그뿐 아니라 순발력이 향상되어 민첩한 움직임을 하는 아이로 성장하게 됩니다. 점점 셔틀콕을 받아치는 능력이 향상됨에 따라 자아성취감 및 자신감도 키울 수 있는 좋은 운동입니다. 배드민턴은 때론 실수를 연발해도 부모와 눈을 맞추며 실컷 웃게 되는 최고의 정서발달 운동이기도 합니다.

[전략 4]

부모가 먼저 한 가지 운동을 시작해 보기

아이를 키우며 직장을 다니는 요즘 젊은 부모님들에게 운동할 시간을 찾는다는 것은 정말 어려운 일일 수도 있습니다. 평소 운동습관이 없는 사람이 자신의 삶에 '운동'이라는 계획을 끼워 넣는다는 것은 어떠한 큰 계기가 필요할 수도 있습니다. 〈마녀체력〉을 지은 이영미 씨는 출판사의 편집자로 일하면서 저질 체력과 만성피로에 시달리며 각종 질환을 달고 사는 40대 여성이었습니다(이영미, 마녀체력, 2018). 출판사의 편집자는 정말로 바쁜 직업이며 나름 성과도 거두고 있었지만 열심히 일한 끝에 몸에 남은 훈장은 각종 질환뿐이었다고 말합니다.

운동이라고는 전혀 해본 적이 없는 이영미씨는 좌충우돌, 우여곡절 끝에 수영, 마라톤, 사이클의 트라이애슬론 경기를 15회, 마라톤 풀코스를 10회 이상 돌파하는 강철 체력을 가지게 되었습니다. 마흔이 넘은 나이에 그 험한 미시령 고개를 자전거로 오르락내리락거리는 강철 체력을 가지게 된 것입니다.

그 비결은 우선 시작을 해보는 것이었습니다. 그 누구도 처음부터 습관을 들이기는 어렵습니다. 하다가 안 할 수도 있고 다시 시작해도 습관화를 시키는 데에 실패할 수도 있습니다. 이영미 씨도 초반에 운동을 시작할 때는 많은 포기가 있었다고 합니다. 우리가 강철 체력까지는 가지 않아도 될 것입니다. 그러나 몸이 망가지는 것을 한탄만 하며 보내지 말고 우리 아이들을 위해 우선 부모님께서 어떠한 운동이라도 시작해 보는 것은 어떨까요?

일주일에 딱 한 번 토요일 같은 주말 1시간만 할애해 보십시오.

스포츠센터에 등록을 하여 근력 운동에 도전을 해 보는 것은 어떨까요? 수영을 해도 좋고 배드민턴 및 테니스를 도전해 보는 것도 권유드립니다. 아이가 있어 움직이기가 어렵다면 아빠와 엄마가 따로따로 각자의 시간에 레슨을 받고 운동을 시작하는 것도 방법입니다. 일주일에 2번 이상하면 건강에 대한 효과가 더욱 올라가겠지만, 일주일에 한 번이라도 이러한 운동들은 반드시 체력이 향상됩니다. 1, 2주 동안은 느끼지 못해도 4주가 지나는 시점에 체력이 많이 향상되었음을 느끼게 될 것입니다. 이전에 비해 피로감이 떨어지고 건강진단의 지표가 하나하나 향상되어 가는 것을 확인하시게 될 것입니다.

등산은 성인에게 최고의 운동입니다. 적당히 강도가 있으며 오르막과 내리막에 필요한 많은 근육들을 사용합니다. 그뿐 아니라 돌부리를 밟으며 발목의 각종 인대를 사용하며, 직선으로 걷지 않고 이쪽저쪽을 밟고 올라가게 되어 다리와 생식기 주변의 코어 근육처럼 다양한 근육을 쓰게 됩니다. 산에 오르면 좋은 공기와 자연에서 나오는 에너지를 충만히 받고 돌아오는 장점도 있습니다. 집 근처에 등산로가 있다면 일주일에 약 3회, 하루에 1시간 정도의 빈도로 등산을 하면 가장 좋지만, 주변에 산이 없더라도 일주일에 1회 2시간 이상 등산을 한다면 체력이 상당히 좋아질 것입니다.

건강을 잃으면 인내와 평정심에 문제가 생깁니다. 아이를 올바르게 양육할 수 있는 힘이 떨어지게 됩니다. 우선 부모가 건강해야 합니다. 그런 부모를 보며 아이들의 뇌리 속에는 평생 운동 습관이 생깁니다. 아이들은 본대로 자랍니다. 이 기회에 운동

하는 부모가 되어 보는 것은 어떨까요? 거창하게 시작할 필요는 절대 없습니다. 이 기회에 가장 해보고 싶었던 운동을 찾아 부모님의 건강을 위해, 우리 아이의 건강을 위해 꼭 시작해 보시기를 바랍니다. 아이들이 클 때까지 양육을 해야 합니다. 양육은 장기전입니다. 지금부터 운동을 통해 건강 관리 시작하시기를 강력히 추천드립니다.

2

건강한 몸으로 놀랍게 바뀌는 2가지의 영양 건강 Points

Point 1

패스트푸드와 과자와 같은 가공식품을 줄여 나가자

가끔 이렇게 물어보시는 분이 계십니다.

"아이에게 영양보충제를 먹이고 싶은데 어떤 게 가장 좋을까요?"
"영양보충제를 먹이는 것이 좋을까요? 아님 한약을 지어 먹이는 것이 좋을까요? 애가 요즘 너무 피곤해하는 것 같아서요."

요즘은 아이에게 영양보충제 먹이는 것을 흔히 보게 됩니다. 그 마음은 충분히 이해합니다. 우리 아이들의 건강을 위해서 뭐라도 좀 더 해 주고 싶은 마음이겠지요. 비싼 돈을 들여서라도 영양보충제를 구입하고 계시는 분들도 많이 계시는 것 같습니다. 그러나 정말 안타까운 것은 아이들의 대부분이 매일 설탕과 식품첨가물이 가득 포함된 빵, 과자 및 음료수의 과도한 섭취입니다. 이뿐 아니라 라면, 햄버거, 피자 등도 빈번히 먹는다는 것입니다. 흰쌀밥과 같은 단순탄수화물과 지방이 가득한 고기는 풍요롭게 섭취하지만, 정작 건강에 중요한 다양한 곡물, 야채와 과일 섭취는 절대적으로 부족한 현실입니다. 이러한 아이들의 몸속에 오메가-3를 넣어 준들, 프로바이오틱스를 넣어 준들 아이들의 몸이 얼마나 좋아질지 미지수입니다.

우선 가공식품을 줄여나가는 것이 무엇보다 제일 중요합니다. 영양보충제는 그야말로 보충제일 뿐입니다. 정말로 어쩔 수 없는 상황이 있을 때 마지막 수단으로 사용해야 하는 것이 영양보충제입니다. 에너지 소비가 많은 스포츠 선수들에게조차도 모든 영양섭취는 자연식품으로 할 것을 권장하고 있습니다. 야채와 과일에 의해 충족되는 비타민과 미네랄을 영양보충제로 채울 수 없기 때문입니다. 야채와 과일은 그 각기 종류대로 비타민과 미네랄뿐 아니라 몸을 치유하고 회복하는 물질을 포함하고 있습니다. 예를 들어, 양배추에는 위를 치료하는 강력한 물질이 있습니다. 일본의 유명한 생약소화제인 '카베진'도 양배추에서 위를 치료하는 물질을 추출하여 만든 것입니다. 양배추는 식이섬유도 풍부해 장을 건강하게 하는 데에 정말 탁월한 자연식품입니다. 양배추는 피부에도 탁월한 효과를 발휘하고 여드름으로 걱정하는 아이들에게 양배추를 식사 때마다 먹이면 굉장히 효과적입니다. 이외에도 다양한 효과가 있어 세계 3대 장수푸드라 지정될 정도입니다. 브로콜리도 양배추와 마찬가지로 비타민이 풍부한 야채입니다. 브로콜리는 세계 10대 슈퍼푸드에 지정될 정도로 건강에 대한 효과가 막대합니다. 위장기능을 활성화시킬 뿐 아니라 항암효과마저 뛰어납니다. 심장질환에도 효과가 있는 것으로 알려져 있으며 면역력을 올려 피로를 해소하고 노화를 억제하는 데 효과가 탁월합니다.

아이들이 요즘 많이 피곤해하지는 않은지요? 이런 아이들에게 양질의 스테이크를 먹이면 체력이 회복될까요? 계란 하나 너무 귀해 단백질 섭취가 쉽지 않은 시절에는 백숙 한 그릇이 원기를 회복하는 절대적인 보약이었습니다. 그러나 **요즘은 단백질 섭취 과잉의 시대입니다.** 단백질 섭취가 부족하지 않은데도 편의점에 가면 각종 단백질 음료와 단백질 스낵이 가득합니다. 거기에는 면역력 증강이라는 문구로 소비자에게 혼란을 주고 있어 아쉬울 따름입니다. 고탄수화물이 나쁘다 하니 탄수화물을 줄이고 단백질을 늘려야 한다는 메시지가 봇물을 이루고 있습니다. 그러나 충분한 단백질 섭취를 하고 있는 현대인과 우리 아이들에게 정작 문제가 되는 것은 곡물, 야채와 과일 섭취 부족에 의한 비타민과 미네랄 부족, 그리고 각종 곡물, 야채와 과일에 들어 있는 효소와 영양소들의 부족입니다.

이에 대한 해결 방법으로 **아이들에게 좋은 것을 섭취하기보다 먼저 나쁜 것들을 조금씩 줄여야 합니다.** 그러면서 곡물, 야채와 과일을 조금씩 늘려가는 것이 순서입니다. 다시 강조하자면 최우선 순위는 나쁜 것들을 줄이는 것입니다. 나쁜 것(설탕이 많이 든 빵, 과자 및 음료수와 같은 가공식품, 라면, 피자 및 햄버거와 같은 패스트푸드 등)은 줄여 나가고, 좋은 것(통곡물, 야채 및 과일)은 늘려 나가야 합니다. 흰쌀밥, 흰 면, 흰 빵만 먹는 것이 아니라 곡물이 들은 음식을 섭취하여야 합니다. 보리, 수수, 귀리 및 각종 콩 등 이 모든 곡물에는 비타민뿐 아니라 각종 미네랄 성분이 풍부합니다. 소화를 돕는 효소가 풍부할 뿐 아니라 식이섬유 함유량도 많습니다. 조선시대 집필되었던 〈식료찬요食療纂要〉에서는 병에 걸렸을 때 약을 쓰기에 앞서 음식으로 다스리는 것을 권하며 음식의 중요성을 강조하기도 했습니다. **옛날에는 나쁜 음식이 거의 없었기에 '어떻게 하면 몸에 치유가 되는 좋은 음식을 보충해 주는가'가 중요했다면, 현대의 우리 아이들에게 음식을 다스린다는 것은 '우선 나쁜 것을 줄여 나가는 것'입니다.** 그렇다면 어떻게 해야 나쁜 음식들을 줄여 나갈 수 있을까요? 설탕과 식품첨가물의 위력은 너무나 강력해서 한순간에 줄이기 쉽지 않습니다. 장기적인 인내와 노력이 필요함을 명심하고 싸워 나가야 할 문제입니다.

[전략 1]

집에서 라면, 빵, 과자, 아이스크림을 치우기

아이들은 눈에 보이는 것을 먹게 되어 있습니다. 집에서 이런 간식들이 놓여 있으면 먹게 되고 습관적으로 찾게 됩니다. 집에서 먹는 식품첨가물 가득한 간식들은 아이들에게 심각한 중독이 됨을 잊지 말아야 합니다. 그러나 갑자기 그런 음식들을 다 치워 버리면 아이들이 심하게 반발하겠지요.

과자와 빵 같은 가공식품 간식에 대체할 것들을 갖다 놓는 것이 중요합니다. 서서히 대체하도록 합니다. 아이들이 편하게 먹을 수 있는 간편한 자연식품이 제일 좋습니다. 설탕이 많이 당길 것이므로 과당이 든 오렌지, 귤도 좋고, 바나나와 같이 배를 채울 수 있는 과일도 좋습니다. 중요한 것은 눈에 보이는 곳에 놓아두어야 합니다. 과일에 포함된 과당을 걱정하지 맙시다. 가공 식품에 들어 있는 설탕을 줄여 나간다면 과일 속에 과당은 신경 쓰지 않고 먹이는 편이 낫습니다. 나쁜 식품들만 줄일 수 있다면 자연 식품은 천만 배 좋은 것입니다. **우리 아이들의 몸속을 가공 식품 충만에서 자연 식품 충만으로 바꾸어 나가면 반드시 살은 빠지고 피로는 줄어들며 건강체력으로 바뀌게 됩니다.** 과일만으로는 간식이 부족할 것입니다. 빵을 먹는다고 하면 통곡물 식빵을 사다 놓습니다. 통곡물 식빵을 토스트기에 구워 잼을 발라먹으면 굉장히 맛있습니다. 물론 밀을 빵으로 만드는 과정에서 탄수화물을 압축하며 굽기 때문에 흡수율이 올라가 인슐린을 뛰게 하는 단점은 존재합니다. 그리고 큰 회사에서 찍어져 나온 통밀빵을 보면 식품첨가물이 많이 들어 있으니 가능하다면 최대한 좋은 통밀빵을 찾아 집에 놓아두면 좋습니다. 옛날 로마병정은 통밀빵으로 체력을 유지하며 전쟁을 치뤘다고 합니다. 통곡물은 각종 효소 및 비타민, 미네랄뿐 아니라 몸을 치유하는 갖가지의 물질이 함유되어 있습니다.

[전략 2]

설탕 섭취 교육을 통해 주스와 탄산음료를 줄여 나가기

탄산음료로 인한 과도한 설탕 섭취로 인해 아이들의 내장 지방이 심할 정도로 축적되고 있습니다. 내장 지방이 필요 이상으로 쌓이면 염증 물질이 과도하게 분비되어 대사 질환을 유발합니다. 편의점에 가면 콜라 500ml 정도는 단숨에 들이킵니다. 집에 오면 또 콜라를 꺼내 마십니다. 당장 편의점에서 사먹는 콜라를 제재시키지는 못 할지라도 우선 집에는 사 놓지 말아야 합니다. 매실원액을 구해 물에 타주면 꽤 달달하니 맛있습니다. 통곡물이 많이 든 좋은 미숫가루를 사서 좋은 꿀을 넣어 타주면 이 또한 달달하고 고소하니 맛있습니다. 콜라에 길들여진 입맛에 매실이나 미숫가루가 처음에는 맞지 않을 수 있지만 아주 조금씩 주면 반드시 습관화됩니다. 우리 집은 매실원액을 눈에 보이는 곳에 놓아 둡니다. 매실원액도 사실 설탕이 많이 든 음식이기는 하나 이런 정도는 허용해 주고 있습니다. 제가 몇 년 전 건선으로 많이 아프면서 우리집에서는 라면, 주스 및 설탕이 많이 든 가공식품을 점점 먹지 않게 되었습니다. 그 이후로 몇 년이 지난 요즘 우리집 아이들은 가공식품을 집에서 먹고 싶다고 찾지 않게 되었습니다. 대신 매실주스를 만들어 달라고 합니다. 어렸을 때의 먹는 습관이 이렇게 중요합니다. 탄산음료 대신 건강한 음료를 마련해 놓는 것도 어찌 보면 손이 가는 일일 수 있습니다. 그러나 우린 너무 간편하고 빠른 것을 추구하는 시대에 살아가고 있습니다. 음식만큼은 절대로 간편하고 빠르게 가면 안됩니다. 우리 아이들에게 너무 피해가 가기 때문입니다.

아이들에게 설탕 섭취 교육은 너무나도 중요합니다. 교육이라고 하니 어려워 보일 수 있으나 우선 부모가 알고 실천을 해나가면 자연스럽게 아이에게 전달됩니다. 이전에 학생과 부모에게 건강 강연을 하고 나서 어떤 아버님께서 사이다 마시기를 끊는 등 설탕 섭취를 굉장히 줄이셨다고 합니다. 이전에는 사이다, 콜라를 너무 자주 먹었는데, 우선 그러한 탄산음료를 끊었더니 몸이 너무 가벼워졌다고 합니다. 설탕의 과잉섭취는 몸을 굉장히 피로하게 만듭니다. 피를 끈적이게 해 혈액 순환에 문제가 생기며 인슐린의 과잉분비와 염증 물질 분비로 몸 안의 대사 및 호르몬 체계를 망가뜨립니다. 이제부터 식품을 사면 당류를 체크하는 습관부터 가지면 좋습니다.

모든 식품에는 다음에 보시는 바와 같이 영양 정보를 표시하도록 되어 있습니다. 그중 '당류'를 살펴보는 습관을 가지십시

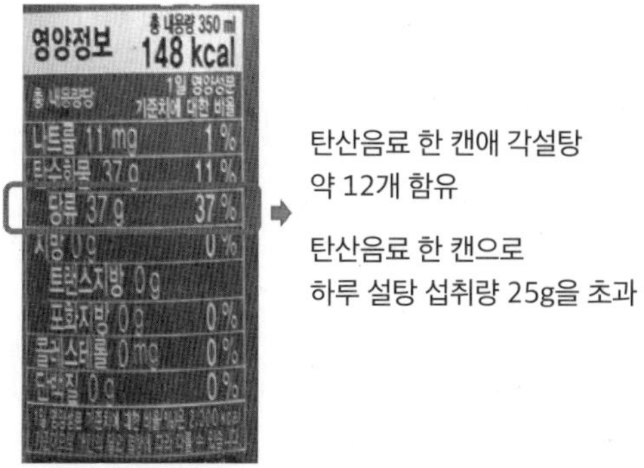

오. 위의 그림에서 당류가 37g이면 각설탕(3g) 약 12개 정도입니다. 각설탕 2개(6g)만 커피에 넣어도 달아집니다. 당류 섭취를 최대한 줄여 나가야 합니다. 이러한 이유로 요즘 제로 콜라, 제로 사이다를 드시는 분이 늘어나고 있습니다.

그러나 너무나 아쉽게도 설탕 대신 쓰는 아스파탐Aspartame이라는 인공감미료도 2군 발암물질로 분류되어 요즘 신문에 대서 특필되고 있습니다. 설탕의 200배의 단맛을 자랑하는 아스파탐도 이제부터 점점 사라지며 또 다른 식품첨가물이 단맛을 대신하게 될 것 같습니다. 우선 부모님들께서 당류의 과잉섭취의 문제점에 대해 인식하고 아이들에게 꾸준히 가르쳐야 합니다. 그러면 아이들도 당류의 과도한 섭취가 안 좋고 위험하다는 것을 알게 됩니다. 우리 아이들에게 집에서, 그리고 마트에 가서도 이 문제에 대해 꾸준히 대화를 합니다. 그래서 아이들이 당류에 대해 확실히 인식을 하고 있습니다. 아이들의 건강에 너무나 중요한 부분이기 때문입니다.

그렇다고 해서 절대로 못 먹게 하지는 않습니다. 가령 사람들과 피자 먹을 일이 생겨 콜라를 먹고 싶어 하면 어느 정도는 마시게 합니다. 아이들에게도 치팅 데이Cheating day가 필요할 것입니다. 예를 들어, 하루에 아침, 점심 2식으로 건강하게 살 빼시는 분이 계시는데, 꾸준히 잘 해 오시다가 아주 가끔 저녁에 약속이 있으면 과식은 피하지만 저녁은 함께 맛있게 드시고 다음날부터 다시 아침과 점심의 2식으로 돌아가면 되는 것입니다. 이미 몸은 아침과 점심의 2식으로 셋팅되어 있으니 가끔의 일탈로 몸의 습관이 망가지지 않습니다.

아이들도 마찬가지입니다. 꾸준히 조금씩 노력하다 보면 어느 날인가 설탕이 많이 들어 있는 음료와 과자 및 아이스크림을 먹지 않아도 집에서 전혀 찾지 않는 아이가 될 것입니다. '아이들이 즐거워하고 기뻐하는 일을 너무 막는 거 아닌가?' '너무 혹독한 것은 아닌가?'라고 생각하실 부모님이 계시겠지만, 설탕을 무분별하게 먹으면 성인이 되어 건강이 무너질 가능성이 너무나 높아지게 되니 부지런히 먹거리 교육을 시켜야 합니다.

현재 우리나라에서 당뇨 전단계 포함 당뇨인구가 2천만 명을 돌파했습니다. 앞으로 이런 증가 추세가 더욱 가속화된다고 합니다. 설탕교육은 너무나도 중요합니다. 반복적인 교육의 힘은 큽니다. 힘들면 Youtube를 이용해도 좋습니다. 설탕 과잉 섭취가 얼마나 위험한지, '설탕 중독의 위험성'에 잘 나와 있으니 함께 시청하고 늘 기회가 있을 때마다 서로 얘기를 나누며 부모님과 함께 설탕 섭취를 반드시 줄여 나가야 합니다.

[전략 3]
하루에 한 끼 야채와 과일 샐러드 먹는 습관을 들이기

우리 집은 아침에 과일을 먹습니다. 아이들이 일어나 식탁에 사과가 놓여 있지 않으면 세 아이 모두 사과를 꼭 깎아 달라 합니다. 아침에 일어나 입이 텁텁한데 사과를 먹으면 수분섭취도 되고 달달하니 입이 개운해집니다. '아침에 사과 하나를 먹으면 병이 없다'라는 말이 있을 정도로 아침 사과는 금사과이지요. 아이들이 집에서 가공식품을 안 먹기 때문에 과일을 정말 많이 찾습니다. 아침 시간은 야채와 과일을 먹는 시간입니다. 사과뿐 아니라 토마토, 브로컬리 등 아침에 야채와 과일을 많이 먹습니다. 5살 된 딸아이가 맵지 않은 풋고추를 된장에 찍어 먹습니다.

영양교육의 첫 번째는 야채와 과일을 보여주고 만져 보게 하는 것입니다. 그리고 안 먹는 아이가 조금씩 맛을 볼 수 있도록 노력해야 합니다. 아주 조금씩 진전시켜야 합니다. 정말 중요한 것은 식탁에 늘 놓아두고 부모가 항상 챙겨 먹는 모습을 보여주며 습관을 들이는 것입니다. 아이들이 야채와 과일을 조금씩 먹을 수 있을 때 칭찬을 해주며 나아가다 보면 먹을 수 있게 됩니다.

물론 이러한 것들의 전제 조건은 가공식품을 줄여나가는 것입니다. 그 안에 들어있는 막대한 양의 식품첨가물이 아이들의 미각을 망치고 있기 때문입니다. 다시 한번 강조해서 말씀드립니다. 야채 먹이기를 포기한 부모님이 계시다면 반드시 한 끼는 야채와 과일을 식탁에 놓아두고 부모님께서 먼저 맛있게 드시기를 권유합니다. 아이들의 뇌리에 건강한 야채 섭취 습관을 심어 줘야 합니다. 야채뿐 아니라 과일의 맛을 알게 해주는 것이 평생건강 습관 형성에 중요합니다.

한국인영양소섭취기준에 보면 과일은 아주 가끔 먹는 디저트가 아닙니다. 매일 야채와 함께 섭취해야 하는 필수 식품임을 잊지 말아야 합니다. 비타민과 미네랄 부족 시대에 과일 섭취가 아이들의 건강에 너무 중요한 한 부분임을 잊지 말고 과일 먹이는 습관을 꼭 들여 주어야 합니다. 가공식품 및 가당음료 등 설탕 섭취를 줄여 나가면 과일도 잘 먹는 아이로 바뀌어 가게 될 것입니다.

Point 2

건강한 체중조절을 위해 과식과 야식 습관을 줄여 나가자

[전략 1]

패스트푸드의 주문 횟수를 줄이고 한번에 먹는 양을 조절해 주기

평소에 밥과 햄, 소시지 위주로 밥을 먹고, 간식조차 치킨 및 피자와 같은 기름진 것을 자주 먹으면 결국 비만을 유발하게 됩니다. 문제는 이 부분이 장기화되면 뇌의 시상하부에서 식욕을 조절하고 움직임을 관장하는 오렉신Orexin과 같은 호르몬 체계마저 혼란이 온다는 것입니다. 그러면 평소에 많이 먹고 덜 움직이게 하는 습관이 고착화되고, 살이 더욱더 찔 수밖에 없는 병적인 체질이 되어 버리고 맙니다.

우선 제일 중요한 것은 햄버거, 피자 및 후라이드 치킨, 감자튀김과 같은 패스드푸드를 줄이는 것입니다. 우선 배달 횟수를 줄이고 다른 간식으로 대체시켜 주는 것이 좋습니다. 예를 들어,

플레인 요구르트 및 우유와 시리얼을 준비해 놓도록 합니다. 시리얼도 사실 한 번 가공된 식품이긴 하지만 각종 영양소가 들어 있고 다른 과자를 대체할 수 있는 장점이 존재합니다. 고구마, 감자, 바나나 및 과일을 이용한 완전 자연식품 간식으로 아이를 키울 수 있다면 사실 그것이 제일 좋습니다. 그러나 시간이 없다면 최대한 양질의 유제품과 시리얼을 준비해 주는 것도 한 방편입니다. 이렇게 해서라도 기름진 패스트푸드는 줄여 나가야 합니다. 어려운 일이지만 서서히 줄여 나가는 수밖에 없습니다. 많은 칼로리를 고지방의 패스트푸드로 채우고 있던 아이들이라면 이러한 것들을 한순간에 끊어 버리는 것은 어려운 일입니다. 아이들에게 왜 줄여야 하는지 이유를 잘 설명해 주며 일주일에 한 번은 그런 음식을 먹을 수 있는 치팅데이를 마련해 주는 것도 한 가지 방법입니다. 그리고 그것을 잘 지켜 따라 줄 때 다른 간식 이외에 다른 보상 선물을 약속해 주는 것도 아이들에게는 좋은 동기 유발이 됩니다. 이렇게까지 해서라도 반드시 줄여야 하는 것이 패스트푸드입니다. **특히 식사를 대신해서 패스트푸드를 시켜 주는 것은 정말 안 좋은 식사습관입니다.** 커서도 이렇게 먹는 사람들이 많습니다. 아침에 햄버거 체인점에 가서 브렉퍼스트(베이컨 머핀, 소시지 머핀 등등)를 아무렇지도 않게 드시는 성인 어른들이 많이 계십니다. 단언하건대 패스트푸드를 자주 먹으면 반드시 병이 생깁니다. 우리 아이들에게 패스트푸드를 자주 먹는 루틴을 깨주는 것은 너무나 중요합니다. 자라나는 아이들이 높은 고열량의 고지방 음식을 반복적으로 계속해서 먹으면 반드시 몸에 문제가 생깁니다. 패스트푸드는 너무나 많은 식품첨가물과 질 나쁜 기름 등 정말 건강에 좋지 않은 식품입니다.

고지방 음식 섭취 습관을 줄이기 위해서는 한 번에 먹는 양을 한정시켜 주어야 합니다. 첫째는 시킬 때 평소보다 작은 사이즈로 주문하는 것이 방법입니다. 둘째는 아이들에게 먹는 양을 정해 주도록 합니다. 패스트푸드나 육류만을 풍성히 쌓아놓고 마음껏 먹는 습관을 기르면 반드시 폐해가 생깁니다. 예를 들어 삼겹살을 반찬으로 식사를 하는 경우도 삽겹살 먹는 양을 1인분, 많게는 1.5인분까지만 먹을 수 있도록 한정을 해 주는 것이 좋은 방법입니다.

기름진 음식을 한번에 많이 먹게 되는 습관이 자리 잡으면 한 번에 먹는 양이 점점 많아지게 되어 과식을 유도합니다. 기름진 음식은 식욕을 조절하는 호르몬을 혼란시키기 때문입니다. 밥과 고기 반찬만으로 식사를 계속하면 장 건강에 문제가 생기는데 그중 변비가 발생하는 큰 원인이기도 합니다. 패스트푸드 및 육류 위주 식사의 문제점은 지방이 쌓여 가며 몸속에 염증물질이 너무나 많아지게 되는데, 장안의 부패한 가스가 이러한 염증물질 증가를 가속화시킵니다. 앞서 설명해드렸듯이 이런 식사가 계속되면 뇌 성장에 안 좋은 영향을 미치고 짜증 많고 신경질 많은 아이로 자라게 됩니다. 과식 습관은 고도 비만으로 가는 지름길입니다. 그러므로 과식의 가속페달을 멈추는 브레이크는 기름진 음식의 양을 한정시켜 주며 조금씩 줄여나가는 방법임을 명심해야 합니다.

[전략 2]

천천히 식사하는 것은 과식 방지를 위한 최고의 습관, 밥상머리 교육하기

과식을 방지하기 위해서는 천천히 먹는 습관을 길러야 하는데 이것이 아이들에게는 쉽지는 않습니다. 이 부분도 부모님의 습관이 바뀌면서 아이들이 보고 자라야 할 부분입니다. 사회생활을 하다 보면 이런저런 사람들과 식사를 할 기회가 많은데, 식사를 한 5분 만에 해치우는 사람들도 꽤 많습니다. 사실 같이 먹고 있으면 너무 부담스럽지요. 저도 빨리 먹어야 할 것 같아 여간 불편한 것이 아닙니다. 음식을 잘 씹지 않고 넘기면 소장에서 소화 흡수를 제대로 못하고 다 대장으로 이동하여 변으로 배출됩니다. 요새는 부드러운 음식들이 너무 많아져 제대로 씹지 않아도 그냥 목으로 넘기곤 합니다.

꼭꼭 씹는 동안에 행복 호르몬인 세로토닌이 분비됩니다. 열심히 씹는 동안에 치아에 가해지는 물리적 자극이 치아와 잇몸을 건강하게 합니다. 열심히 씹는 동안에 침샘에서 침이 흥건히 분비되어 그 안에 있는 소화효소가 탄수화물을 분해하기 시작합니다. 씹으면 씹을수록 침에 대한 음식의 표면적이 넓어져 입에서 충분히 분비된 아밀라아제와 같은 소화효소에 의해 소화를 최대한 시키고 위장으로 보낼 수 있게 됩니다.

더욱 중요한 것은 음식을 먹기 시작하면 대략 20분 후부터 포만감을 유발하는 호르몬들이 분비되기 시작하여 '더 이상 먹기 싫다'라는 신호를 보내게 된다는 점입니다. 따라서 과식도 방지할 수 있게 됩니다. 이 부분에 있어서 우선 부모님의 습관 변화가 필요합니다. **빨리 먹고 많이 먹는 부모에게 자란 아이들은 여지없이 같은 습관을 가지고 성인이 됩니다.** 빨리 먹는 습관이 굳어져 버리면 가공된 식품, 흰쌀, 흰 빵 및 기름진 음식과 같은 부드러운 음식만 더욱 찾게 됩니다. 아이들에게 밥상머리 교육을 하면 좋습니다. 비만을 치료하기 위해서 20분의 스탑워치를 켜 놓고 드시는 분들도 계실 정도입니다. 때론 까먹고 또 빨리 먹을 때가 있을 것입니다. 괜찮습니다. 그때는 다시 시작하면 됩니다. 아이들에게 맹목적으로 30번 이상 씹으라고 얘기하지 말고, 위에 써 있는 이유를 설명해 주도록 합니다. 아이들에게 이유를 설명해 주는 교육을 반복하면 반드시 바뀌게 되어 있습니다. 특히 고기를 대충 씹고 넘기는 아이들이 너무나 많습니다. 이러면 위에서 펩신이라는 호르몬이 그 고기를 다 분해하지 못하고 장으로 이동시켜 버립니다. 소화가 채 되지 못한 육류 및 가공식품은 장에서 부패한 가스, 독을 유발해 장 건강을 심각하게 훼손시킵니다. 장내미생물 유해균의 먹이가 되어 장내미생물의 유익균이 유해균과의 싸움에서 밀리게 됩니다.

요즘 성인들에게 위식도 역류증, 식도염 및 식도암이 증가하고 있습니다. 위식도 역류증은 위산이 식도로 올라와 식도에 출혈과 염증을 일으키는 질병입니다. 이 질병은 바쁜 현대인이 평소 음식을 빨리 먹는 습관이 원인이 되어 발병하게 됩니다. 빨리 먹고 누워 버리면 더욱더 위식도 역류증 발병을 가속화시킵니다.

KBS 1TV '생로병사의 비밀'은 올바른 식습관의 중요성을 알려주는 『2020의 비밀, 잘 씹는 것이 보약이다』 편을 살펴보면 천천히, 잘 씹는 것이 얼마나 중요한지 잘 알 수 있습니다. 오래 씹어야 합니다. 오래 씹을수록 침이 분비가 많이 되어 소화효소가 더욱 분비되고, 침 안에는 입 안에 들어온 미생물을 청소할 뿐 아니라 심지어 면역 및 항암기능까지 있습니다. 음식을 천천히 먹어야 침샘에서 침이 많이 분비되는 몸을 유지할 수 있습니다.

아이들과 밥을 먹는 시간을 부모와 눈을 마주치며 이야기하고 교감하는 가장 행복한 시간으로 만들어야 합니다. 밥을 먹을 때는 아이들의 이야기를 들어 주며 식사를 천천히 하는 습관을 기르도록 합니다. 아이들이 천천히 먹는 습관은 오로지 집에서의 식사 습관으로 결정됩니다. 아는 집 아이가 초등학생 저학년인데 고도비만입니다. 피자 중간 사이즈 한 판(성인 2인분)을 10분 정도에 먹어 치웁니다. 식욕을 떨어뜨리는 호르몬이 분비되기 전에 엄청난 양을 먹어 치우는 것이지요. 이렇게 하면 초등학생 때 이미 당뇨와 고혈압과 같은 질환으로 고생하게 되는데 성인이 되면 어떻게 하려고 하는지 정말 너무나 걱정됩니다. 빨리 먹는 습관은 반드시 고쳐야 할 악습관입니다.

[전략 3]

자기 전 가공식품 섭취를 줄여 나가기

저녁에 늦게 먹는 습관만이 아니라 자기 전에 무언가를 먹는 야식 습관은 장차 비만 유발뿐 아니라 대사질환 및 암을 유발하는 정말 나쁜 습관입니다. 자기 전 많은 칼로리의 음식 섭취, 특히 기름진 음식은 다음날의 생체리듬 주기를 파괴시키는 주범 중의 하나라고 설명드렸습니다. 수면의 질이 떨어질 뿐 아니라 다음날의 생체리듬 주기를 교란시켜 피로를 가중시키며, 비만의 주요 원인이 됩니다. 그뿐 아니라 수면의 질이 떨어지고 다음날의 생체리듬 주기가 교란되면 스트레스를 관장하는 코르티솔 호르몬 분비 시스템에도 문제가 생겨 짜증을 많이 내는 신경질적인 아이로 자라게 됩니다. 가공식품은 그 자체만으로도 아이를 난폭하게 만드는 특성을 가지고 있는데 자기 전에 라면 및 피자와 같은 가공식품 간식을 섭취하고 자면 나쁜 영향을 더욱더 가중되게 합니다. **야식, 특히 가공식품에 의한 야식 습관은 바로 잡아줘야 합니다.**

그 첫 번째 방법은 **잠자는 시간을 앞당기는 것입니다.** 자라나는 아이들은 저녁 식사 후에 3시간만 지나도 출출함을 느낍니다.

그러나 자는 시간이 너무 늦어지면 식욕유발 호르몬(그렐린) 분비량이 급격히 증가하게 되어 무언가를 먹지 않고는 쉽게 잠이 들지 않을 수 있습니다. 호르몬을 이길 수 있는 아이는 거의 없다고 단언할 수 있습니다. 한창 자라나는 중학생을 포함해서 초등학생 아이들도 최소한 저녁 10시대에는 잠자리에 드는 습관을 들이는 것이 최선의 방법입니다. 중학생의 경우 시험기간 같은 때는 어쩔 수 없더라도 평소 저녁 10시 이후의 공부는 뇌와 몸의 건강에 절대 좋지 않습니다. 중학 3학년까지는 고등학생 때의 공부를 위해 건강 토양을 부지런히 다지는 시기입니다.

두 번째 방법으로 저녁에 기름진 음식으로 먹을 때는 절대로 **과식을 피하는 것입니다.** 저녁에 기름진 음식을 많이 먹는 습관은 더욱더 많은 칼로리의 음식을 저녁에 먹게 되는 악순환을 가져오게 됩니다. 위에서 설명드렸듯이 저녁 식사에서 기름진 음식을 양껏, 실컷 먹게 내버려 두는 것은 안 좋습니다. 저녁에 먹는 칼로리의 양을 조금씩 줄여 나가야 합니다. 한번에 먹는 양을 조금씩 줄여나가다 보면 늘어난 위장이 정상으로 되돌아오며 적당한 양의 식사로도 충분히 저녁 시간을 보내고 수면에 들어갈 수 있습니다. 이런 아이들은 아침에 일어나서 배고파 하며, 이 배고픈 신호는 코르티솔 호르몬이 아침에 잘 분비되고 있다는 뜻이며, 생체리듬이 좋은 상태입니다. 이렇게 저녁 식사 칼로리를 조금씩 줄여 나가면 아이들이 자기 전에 배고파 할 수 있습니다. 이럴 경우 따뜻한 우유(또는 두유) 또는 미숫가루 음료와 같이 칼로리가 높지 않으며 소화가 잘 되는 음료를 많지 않은 양으로 허기를 조금만 달래 줍니다. 사실 이 부분도 부모님이 함께하면 너무나 좋습니다. 자기 전 먹는 모습을 보이면 아이들의 건강 습관에 좋지 않습니다. 야식 습관이 있으신 부모님들이 계시면 이번 기회에 함께 실천해 보십시오. 만성 피로감이 크게 사라질 것이며 건강하게 체중조절을 할 수 있게 되실 것입니다.

3

맑은 머리와 튼튼한 몸을 위해
반드시 실천해야 할 2가지 수면 건강 Points

Point 1

잠자기 전에는 음식 섭취 및 스마트폰을 멀리하자

수면에 문제가 생기면 아이들의 건강에 큰 피해가 가게 됩니다. 특히 수면의 양이 줄고 수면의 질마저 떨어지면 피곤하기 때문에 짜증난 상태로 아침을 맞이하게 됩니다. 수면 상태가 좋았는지 안 좋았는지는 아침에 일어나서 아이들 하는 행동을 보면 금방 알 수 있습니다. 잠이 깬 상태는 당연히 늘어지고 졸리기 마련이지만, 잠을 깨고 세수하고 나서 아침을 먹는데 아이가 피곤해하고 밥맛이 없어 하면 분명 수면에 문제가 있는 상태입니다. 요즘 아이들은 너무 늦게 잡니다. 입학 전 초등학생부터 성장기의 중학생에 이르기까지 아이들은 저녁 9시, 10시만 되면 잠이 쏟아지는 것이 정상입니다. 이 시간이 되면 심부체온이 내려가며 수면 호르몬인 멜라토닌 분비량이 증가하기 시작합니다. 몸 안에는 생체시계가 존재하여 하루의 정상적인 일주기리듬 안에서 아이들은 9~10시(나이가 어릴수록 더 빠른 시간에)에 몸이 나른해져야 정상입니다. 그러나 밤에 TV 시청, 온라인 게임 및 스마트폰 동영상 시청으로 자는 시간이 뒤로 밀려나면 밀려날수록 11시가 넘어도 잠이 잘 오지 않게 됩니다. 이 정도면 벌써 생체리듬이 틀어지기 시작한 것입니다. 생체리듬이 틀어지다 보니 새벽 1, 2시를 넘어 잠자리에 드는 학생들이 늘어나고 있습니다. 학교에서 수업을 하다 보면 대학생들이 새벽 3, 4시에 자는 경우도 흔하게 볼 수 있습니다.

이러한 소위 '저녁형 인간'은 유전적으로 존재하지 않습니다. 잠을 많이 자야 하고, 또는 남들보다 좀 덜 자도 문제없는 그러한 유형들은 존재할 수 있으나, 밤에 오랫동안 깨어 있어도 건강에 문제가 없는 유형은 존재하지 않습니다. 인간은 밤에는 쉬고 낮에는 활동을 해야 건강을 지킬 수 있습니다. 밤에 활동을 해도 전혀 건강에 문제없는, 즉 자연을 거스를 수 있는 사람은 절대로 없습니다. 어떤 분은 이렇게 말씀하십니다.

"난 새벽 2~3시까지는 잠이 안 와서 그때까지 하고 싶은 일을 하다가 늦게까지 자는 것이 가장 컨디션이 좋고 일의 능률도 오르는 것 같아."

예, 그럴 수도 있습니다. 이런 분이 갑자기 생활 습관을 바꾸려 하면 쉽지는 않을 것입니다. 그러나 분명한 것은, 그 습관이 계속되면 몸에는 분명 피해가 온다는 것입니다. 성인이 되면 노화가 더 일찍 시작될 뿐더러 각종 질환이 찾아올 가능성이 너무나 커집니다. 저녁에는 쉬다가 일찍 자야 하고, 해가 뜨면 일어나 활동하는 것이 자연의 주기, 인체의 일주기리듬에 순응하는 건강한 습관이라는 것을 어렸을 때부터 지식으로, 습관적으로 알게 해주는 것이 중요합니다. 인간은 저녁에는 자고 해가 뜨면 그것을 신체가 감지해서 자연스럽게 눈이 떠져야 그 뒤 하루 동안의 정상적인 일주기리듬 안에서 몸 안의 호르몬 및 대사 활동 등 모든 기능들이 정상적으로 돌아갈 수 있습니다.

이 책에서는 운동, 영양 그리고 수면 순으로 소개하고 있지만, 사실 건강의 근본, 건강의 반석은 올바른 수면 습관이라도 해도 과언이 아닐 것입니다. 수면리듬이 깨지면 다음날의 일주기리듬의 교란을 부릅니다. 건강한 수면 습관을 만들기 위하여 우리 아이들이 끊어야 할 것, 바꿔야 할 것을 이야기해 보겠습니다.

아무런 설명 없이 어느 날부터 갑자기 아이들에게 일찍 자라고 한들 아이들이 순순히 잘 따라주기는 어려울 것입니다. 우선 부모님들께서 건강한 수면에 대해 잘 숙지하고 우선 할 수 있는 것부터 하나씩 하나씩 해 나가는 것이 중요합니다. 아이들만을 바꾸려 하면 오히려 반항심만 불러일으키며 부모님들도 더욱더 힘이 들 수 있습니다. 비결은 부모님이 함께 좋은 수면 습관을 만들어 가며 아이들에게 천천히 할 수 있도록 끈기를 가지고 나아가는 것입니다. 이하의 방법을 실천하다 보면 집 안 전체가 바른 수면 습관을 갖게 될 것입니다.

[전략 1]

잠자기 최소 1시간 전, 즉 저녁 시간에는 집안의 조명을 어둡게 하는 습관을 들이기

저녁에 조명을 환하게 켜 놓으면 수면 호르몬인 멜라토닌 호르몬 분비량이 줄어들게 됩니다. 밤 시간에 조도가 높은 밝은 빛이 시신경을 통해 계속 들어가면 수면 호르몬 분비량이 현격히 줄어들게 되어 잠이 겨우 들지라도 자는 동안의 수면의 질이 떨어지게 됩니다. 저녁 식사 후에는 은은한 주황색 조명의 간접등을 켜 놓는 것이 좋습니다. 아이들 방에 자기 전까지 환히 실내등을 켜 놓는 습관은 수면의 양과 질 저하에 결정적인 역할을 합니다. 자기 전 밝은 강한 불빛은 수면리듬을 망치는 지름길입니다. 저녁에는 낮은 조도의 조명으로 생활하는 것이라는 수면 습관을 어렸을 때부터 들이면 잠이 안 와 수면제로 고통받는 일이 생기지 않을 것입니다. 저녁 시간을 잘 관리하지 않으면 자는 시간이 점점 새벽으로 옮겨져 장기적으로 몸에 상당한 피해를 입게 됨을 명심해야 합니다.

잠자리 들기 최소 한 시간 전에는 반드시 간접조명을 활용토록 합니다. 우리 집은 자기 전 아이들 방불을 절대 켜놓지 않고 옆에 있는 화장실의 주황색 불을 이용하여 주변을 은은히 밝혀놓습니다. 요즘 아이들은 어두운 곳에서 동공을 최대로 확장하여 보는 시간이 절대적으로 부족합니다. 저녁에는 아이들이 최대한 어두운 곳에서 생활하는 것이 좋습니다. 저녁에 조명을 낮추면 눈 건강뿐 아니라 눈 시신경에 반응하는 수면 호르몬 분비까지 잘 관리할 수 있습니다. 필자가 몇 년 전 ADHD 및 자폐아이들을 치료하기 위한 합숙형 대안학교를 견학하러 다녀온 적이 있습니다. 그 학교에서는 저녁이 되면 실내등 및 건물 안 조명을 전혀 켜지 않습니다. 무언가 무섭게 느낄 수 있겠지만 그 아이들은 어두운 곳에서 눈의 동공을 최대한 확장시켜 밤에 돌아다니면서 시력을 회복하고 일주기리듬 회복을 통해 뇌질환까지 다루는 모습을 보았습니다. **우리 아이들에게 밤에는 쉬는 시간, 밤에는 잠을 준비하는 시간이라는 인식을 심어 주어야 합니다.** 조명을 어둡게 하는 것은 잠자리에 들어갈 시간이라는 것을 암시하는 좋은 방법입니다. 잠자리에 들어가는 시간이 불규칙하면 아이들의 수면 습관, 수면을 위한 일주기리듬에 문제가 생깁니다. 되도록 일정한 시간에 조명을 어둡게 하기 시작하며 잠자리에 드는 시간이라는 것을 자연스럽게 몸에서 인식하도록 도와주어야 합니다.

[전략 2]
잠자기 전 스마트폰 및 TV 시청은 절대 금하기

스마트폰에서 나오는 청색광blue light은 아이 눈의 시신경을 통해 수면 호르몬 분비를 줄이는 현대문명의 폐해 중 하나입니다. 밝은 실내등보다 더욱 안 좋은 것은 바로 눈앞에서 쳐다볼 때 스마트폰에서 나오는 청색광입니다. 특히 자기 전에 불을 꺼 놓고 스마트폰의 밝은 화면을 보는 습관은 수면 호르몬 분비만을 줄이는 것이 아니라 시력을 망가뜨리는 주범입니다. 나이가 들어

가면 갈수록 녹내장, 백내장을 부르는 나쁜 습관입니다. 따라서 아이들에게 최악의 수면 습관은 자기 전 불을 꺼 놓고 스마트폰을 보는 습관이라 할 수 있습니다. 요즘 이러한 아이들이 너무나 많습니다. 자기 전 스마트폰을 보지 않으면 허전해서 잠을 못 자는 아이들이 증가하고 있습니다. 불을 끄고 Youtube와 같은 동영상을 보다 잠을 자는 시간을 놓치는 학생들도 많다고 합니다. 그러다가 잠이 들어도, 새벽 시간에 최고조로 올라가야 할 멜라토닌 수면 호르몬 분비에 이상이 생겨 잠이 많이 깨고 뇌 속에 저장된 영상 속의 정보를 처리해야 하므로 수면의 질이 현격히 떨어지게 됩니다. 저녁 시간에 스마트폰 관리는 반드시 해 주어야 합니다. **10시에 잠이 드는 습관을 들이면 최소 저녁 8시에는 스마트폰을 집안의 어디에다 올려 놓고 보지 않는 약속, 즉 습관을 반드시 들여야 합니다.** 처음부터 지키기는 어려울 것이나 칭찬, 보상과 격려를 이용하여 잠자기 전 스마트폰을 집안 어딘가에 내려놓고 보지 않는 시스템을 반드시 만들어 주시기를 바랍니다. 아이들에게 잔소리를 한들, 좋은 소리로 격려하며 한들, 아이들 스스로 하기에는 어려운 부분입니다. 이는 초등학생 고학년, 중학생도 마찬가지입니다. 처음에는 어렵겠지만 스마트폰을 몇 시 이후부터는 보지 않는 약속을 해 나가면 그 습관이 형성될 수 있습니다. 이런 습관없이 무분별하게 커버린 청소년들이 잠자리 들기 전 스마트폰 영상 중독으로 다음날에 무기력하고 좀비 같은 모습으로 생활하는 학생들이 많이 늘어나고 있습니다. 우리 아이들이 이러한 악습관에 빠지지 않도록 스마트폰 관리는 철저히 해주어야 합니다.

[전략 3]

저녁 식사 후에는 고강도의 신체활동을 피하기

저녁에 일찍 잠자리에 들기 위해서는 늦은 밤의 신체활동은 좋지 않습니다. 저녁에는 체온이 점점 내려가면서 멜라토닌 수면 호르몬이 분비가 됩니다. 저녁 식사 후에 고강도 운동을 하면 교감신경이 항진되어 각성 상태, 즉 정신이 굉장히 또렷한 상태가 됩니다. 고강도 운동을 하면 체온이 올라가기 때문에 수면 호르몬의 분비를 억제시킵니다. 물론 가끔이야 괜찮지만 주기적으로 이러한 것들이 반복되면 다음날의 인체 일주기리듬에 악영향을 미치게 됩니다. 방과 후 격렬한 운동을 하는 학원을 보내는 부모님들은 해 지기 전 또는 저녁 식사 전에 운동 및 야외 활동을 시키는 것이 좋습니다.

[전략 4]

야식 습관 끊기

앞서도 설명드렸듯이 밤에 일찍 잠이 들어야 야식 습관을 없앨 수 있습니다. 야식 습관은 수면의 양과 질을 크게 떨어뜨리는 주범입니다. 낮 시간에 충분한 식사와 간식을 먹이면 야식 습관을 줄일 수 있습니다. 그러나 식사 및 간식이 충분하지 않은 날, 자기 전 너무 배가 고프다면 우유나 두유 또는 미숫가루 어른컵의 반잔 정도를 따뜻하게 데워 천천히 한 잔 마시게 하면 공복을 잠재울 수 있습니다. 그러면 아침에 일어나서 가벼운 몸으로 배고프다며 밥을 찾을 것입니다. 야식을 먹고 자면 위에서 분비된 위산이 역류하여 역류성 식도염이 발생하기 쉬우며 위장의 소화기관이 약해집니다. 야식은 몸 안에 노폐물을 증가시키며 면역력을 떨어뜨리는 주범입니다. 자기 전에 먹지 않는 습관을 잘 들이면 수면의 질을 최고조로 높이게 될 것입니다.

[전략 5]

방 안의 온도를 서늘하게 하기

아이들은 어른에 비해 체온이 높습니다. 저녁에 어두운 환경에서 체온이 낮아지면서 멜라토닌 수면 호르몬이 분비되어야 하는데, 덥고 답답한 환경이면 아이들이 좀처럼 잠을 이루지 못합니다. 아이들마다 체질이 틀려 정확히 몇 도가 좋은 환경이라 말하기가 어렵지만 분명한 것은 어리면 어릴수록 몸에 열이 많습니다. 특히 몸에 열이 많은 아이들은 좀 더 시원하게 자게 해주는 것이 좋습니다. 특히 겨울철에 방이 너무 더우면 수면의 질이 떨어지게 됩니다. 자는 동안에 체온이 계속 내려가다가 한 새벽에 멜라토닌 수면 호르몬의 분비가 절정을 이루는데 새벽에 집안 전체 온도가 떨어지면서 보일러 센서가 작용하여 방이 갑자기 뜨거워지면 아이들은 여지없이 체온이 올라 수면 호르몬 분비 이상으로 잠을 깨거나 뒤척이며 깊은 잠을 못자게 됩니다. **방온도가 왔다 갔다 하지 않고 방안 전체가 좀 서늘하더라도 자기 이불에서 자기 체온으로 몸을 덮히며 자는 것이 가장 좋은 방법입니다.**

[전략 6]

잠자는 환경과 시간은 아이가 최고로 행복해하는 시간이 되게 하기

무조건 10시에 불을 끄고 자라고 하면 아이들은 잠자는 시간에 대해 스트레스를 갖게 됩니다. 서늘하고 좋은 침구로 쾌적한 환경을 만들어 주는 동시에, 자는 습관이 잘 형성되기 전까지는 아이가 잠들 수 있도록 옆에서 함께 안아주고 가슴에 손을 얹어 주는 것이 효과적입니다. 부모와 함께하는 시간이 적은 아이들이 많습니다. 잠자는 시간은 오로지 자기와 부모가 스킨쉽을 할 수 있는 가장 행복한 시간이라는 환경을 조성해 주면 평안한 가운데 잠을 잘 들 수 있습니다. 잠자리 환경에 스트레스가 발생하면 이것 또한 수면 호르몬인 멜라토닌 호르몬을 급격히 감소시키게 됩니다. 따라서 저녁 시간부터 잘 쉬며 평안한 가운데 잠자리에 들 수 있게 스트레스 관리를 잘 해 주어야 합니다.

[전략 7]

늦은 오후 이후에는 콜라 및 카페인 함유 에너지 음료를 마시지 않기

작은 캔 콜라 250ml 하나에는 약 23mg의 카페인이 함유되어 있습니다. 이는 믹스커피 한 봉지의 반에 해당하는 카페인 양입니다. 어린아이들이 콜라와 같은 음료를 저녁에 많이 마시면 수면의 질이 떨어지게 됩니다. 저녁에 피자 및 치킨과 함께 다량의 콜라를 먹는 경우가 아이들의 수면을 가장 방해하는 나쁜 식습관 중 하나입니다.

요즘은 아직 성장기인 중학생들도 고카페인 함량의 에너지 음료를 사먹는 모습을 자주 봅니다. 시중에 파는 에너지 음료들의 카페인 함유량은 60mg에서 100mg 대로 한 캔만 먹어도 카페인에 의한 각성효과가 일어납니다. 이 카페인 효과는 10시간 이상 지속되므로 오후 및 저녁에는 마시지 않는 것이 좋으며, 사실상 에너지음료는 중학생까지 성장기의 아이들은 절대 금해야 합니다. 아이들이 저녁에 잠이 들 수는 있으나 수면의 질이 크게 떨어지게 됩니다. 요즘 고등학생들이 피곤에 지쳐 저녁에 이러한 고카페인 에너지 음료를 먹고 머리를 각성시켜 밤늦게까지 공부를 하고 있습니다. 하지만 자면서 수면의 질도 떨어지기 때문에 오히려 피로감이 가중되는 문제를 야기하고 있습니다. 수면의 양도 줄어들었는데 아이스 아메리카노를 비롯한 이러한 카페인 음료가 자라나는 청소년의 수면장애 증가에 크게 영향을 주고 있습니다. 자라나는 아이들, 특히 중학생이 되어도 카페인 음료를 먹지 않도록 가르쳐야 합니다.

Point 2

낮 동안에는 햇빛을 충분히 쏘이고 몸을 최대한 움직이자

[전략 1]

낮에는 햇빛을 쏘이며 몸을 움직이는 환경을 만들어 주기

낮 시간 동안에 햇빛을 충분히 쏘이며 운동을 하면 행복 호르몬이라고 알려진 세로토닌 분비가 왕성해집니다. 세로토닌이라는 호르몬은 햇빛이 시신경을 통해 들어올 때 분비가 많이 됩니다. 또한 신체활동을 하면 할수록 세로토닌이 더 분비됩니다. 신체활동이 수면의 질을 향상시키는 데 얼마나 중요한지에 대해서는 앞서 설명드렸습니다. 최대한 바깥에서의 신체활동을 늘리고 가능하면 햇빛을 쬐며 뛰어놀 수 있는 단체운동 하나를 시키면 수면의 질을 높이는 데 크게 도움이 됩니다.

아이는 신체활동을 많이 해서 밤이면 쓰러져 푹 자는 것이 가장 건강한 상태입니다. 요즘 아이들은 햇빛을 잘 못 보고 자라나고 있습니다. 식물은 햇빛을 잘 못보면 시들시들해집니다. 하지만 이것은 사람에게도 마찬가지입니다. 햇빛을 많이 못 쬐는 현대인들에게 비타민 D 부족 증상이 심각합니다. 비타민 D는 햇볕을 통해 체내 합성됩니다. 물론 음식을 통해서도 비타민 D를 섭취할 수 있습니다. 비타민 D는 연어, 참치, 고등어, 소간, 치즈, 달걀노른자, 버섯 등의 음식에 함유되어 있습니다. 그러나 현대인의 불균형한 식사에 의해 혈중 비타민 D 농도를 유지하기가 어려운 현황입니다.

2022년 건강보험심사평가원의 자료에 따르면 비타민 D 혈중 농도 기준을 30ng/ml일 경우 남성 83%, 여성 88%가 결핍이라고 보고되고 있습니다. 비타민 D는 칼슘 흡수를 도와 골격형성에 관여하기 때문에 아이들의 성장에 너무나도 중요합니다. 아이들은 잘 자야 쑥쑥 클 수 있습니다. 햇빛은 세로토닌 호르몬 분비를 왕성하게 하며 비타민 D까지 합성시켜 줍니다. 이뿐만이 아닙니다. 비타민 D는 우리 몸의 면역 반응에 필수 불가결한 영양소입니다. 비타민D 결핍은 뼈의 성장 및 건강 외에도 면역력 약화로 인한 잦은 감기와 염증, 피로와 우울감, 탈모, 피부 트러블, 비만, 수면장애 등 우리가 흔히 겪는 다양한 증상의 원인이 되고 있다고 보고되고 있습니다. 자라나는 아이들에게 이렇게 햇빛이 중요합니다. 요즘 오존층 파괴로 선크림을 많이 바르고 있습니다. 선크림을 바른 피부를 통해서는 비타민 D가 합성되기 어렵습니다. 얼굴에는 바르더라도 노출시킬 수 있는 부위에 하루 30분 정도라도 햇빛을 쏘이는 것이 어른뿐 아니라 자라나는 아이에게 너무나도 중요합니다. 스마트폰을 보면 오존 및 자외선 상황에 대한 예보가 나옵니다. 심각한 상황이 아니면 아이에게 햇빛을 쬐며 뛰어놀 수 있는 환경으로 데려가면 좋습니다. 요즘 키즈카페 등 실내놀이터가 많은데 그런 곳은 날씨가 안 좋을 때 데려가면 좋습니다. 햇빛이 좋은 날에는 짧은 시간이라도 집 앞에서 야외 활동을 할 수 있는 기회를 최대한 제공해 주는 것이 아이들의 수면 건강에 크게 효과적입니다.

[전략 2]

기상 시각을 조절하여 늦게 잠자는 습관을 교정하기

아이가 안쓰러워 아침에 깨우지 않게 되면 그 다음날 또 다시 늦게 자는 패턴으로 가게 됩니다. 이런 패턴이 고착화되지 않도록 기상시간을 너무 늦지 않게 설정하는 것이 중요합니다. 인체에는 일주기리듬이 있어 깨야 할 시간에 깨지 않으면 결국 저녁에 멜라토닌 수면 호르몬 분비 리듬에 문제를 일으킵니다.

미국의 수면재단이 권장하는 적정 수면시간은 6~13세 초등학생의 경우 9~11시간, 14~17세의 중학생 경우 8~10시간, 18~25세 고등학생의 경우 7~9시간입니다. 성장기 자녀를 푹 재운다고 했을 때 평균 10시간이라고 생각하시면 됩니다. 10시간을 재우려면 저녁 10시에 취침하여 아침 8시에 일어나면 됩니다. 아침 8시에 일어나면 14시간 후 저녁 10시가 되어 인체 일주기리듬에 의해 멜라토닌 수면 호르몬이 분비되는데 최적의 타이밍이 됩니다. 그러나 특히 방학 중에 아침 기상 시간이 10시, 11시로 밀리면 일주기 리듬이 지연되어 저녁 10시에 멜라토닌 수면 호르몬 분비가 늦어지는 현상이 발생합니다.

따라서 최소 아침 8시면 눈뜨는(일찍 일어나면 더 좋습니다) 습관을 길러 주도록 합니다. 그러면 자연스럽게 저녁에 피곤해서 일찍 자게 되는 수면 습관을 갖게 될 것입니다.

맺음말

중요한 것은 반복하고 지속하라, 반드시 건강해진다

제가 건선에서 놀라울 정도로 빠르게 완치될 수 있었던 비결은 지금까지 강조했던 6가지 포인트에 대해서 반복하고 지속했기 때문입니다. 건강에 중요한 부분을 반복, 지속해 나갈 때 자연스러운 건강 습관이 생깁니다. 너무나 감사한 부분은 저의 습관이 바뀌면서 아내와 세 아이의 습관이 바뀌고 있다는 점입니다. 물론 완벽하지도 않고 완벽할 수도 없습니다. 그러나 이 아이들이 성인이 되어 각종 질환과 암에 걸리지 않고 이 험한 세상을 헤쳐 나가기 위한 건강 습관이 만들어져 간다는 생각에 큰 보람이 있습니다. 제가 반복하고 지속하여 실천했던 부분은 다음과 같습니다.

1. 1시간 이상 계속해서 앉아 있지 않습니다. 중간에 스트레칭을 하던, 걷기를 잠깐 하던, 아니면 주변 정리를 하며 몸을 최대한 움직입니다. 좌식 위주의 생활을 깨뜨려야 합니다(**신체활동 Point 1**).

2. 일주일에 평균 3번은 하루 한 시간 등산을 합니다. 제 나이가 아직 너무나 바쁜 나이이기는 하지만 건강을 지키며 체력을 향상시키는 데 운동 만한 것이 없습니다. 이 기회에 각자에 맞는 운동 하나를 시작해 보시기를 바랍니다(**신체활동 Point 2**).

3. 사람들과 어울리는 경우를 제외하고 식품첨가물과 설탕이 많이 든 가공식품, 가당음료 및 패스트푸드를 거의 안 먹습니다. 대신 곡물, 야채와 과일을 잘 챙겨 먹으려 노력합니다(**영양 Point 1**).

4. 과식을 피하며, 자기 전 야식을 하지 않습니다(**영양 Point 2**).

5. 되도록 일찍 잠자리에 들고 충분한 수면시간을 확보합니다. 자기 전 조명을 어둡게 하며, TV 및 스마트폰 사용을 절제하여 뇌가 각성되는 것을 피하도록 합니다(**수면 Point 1**).

6. 낮 시간에 최대한 햇빛을 쬐며 몸을 최대한 많이 움직이려 노력합니다(**수면 Point 2**).

이 6가지 건강 습관을 단순하게 반복, 그리고 지속한다면 비만뿐 아니라 다양한 질환이 치유되며 체력 또한 놀랍게 향상되는 것을 경험하실 것입니다. 이 6가지만 잘 안다면 '건강 습관'에 비추어 우리 아이들의 어떠한 부분에 문제가 생길 수 있는지 보는 눈이 생기실 것입니다. 우선은 '단순'하게 시작해 보는 것이 중요합니다. 이 6가지 다는 아니더라도 먼저 할 수 있는 부분부터 시도해 보면 하나씩 하나씩 반복하게 되고 지속하게 되는 습관이 형성될 것입니다. 거창하게 시작할 수는 없습니다. 이 모든 것은 다 작은 습관tiny habit을 하나씩 하나씩 쌓아야 되는 부분입니다.

'인무원려 필유근우(人無遠慮 必有近憂)'

논어 11장에는 '멀리 생각하지 않으면, 가까이에 근심이 있다'라는 말이 있습니다. 즉 뭐든지 멀리 보지 않고 근시안적으로 살아가다 보면 근심이 생긴다는 말입니다. 우리 아이들의 운동, 영양 섭취 및 수면 습관도 아이들이 성인이 될 날을 바라보며 가족이 함께 노력해야 합니다. 우리 아이들이 성인이 되어서 병에 쓰러지지 않고 자신들의 꿈을 펼치며 이 사회의 귀한 일꾼으로 성장하도록 키워내야 합니다.

부모가 최우선적으로 물려줄 것은 재물이 아닌 이 세상을 이겨 나갈 강인한 체력과 정신력, 그리고 모든 상황에서 기쁨과 행복의 의미를 발견해 가며 살아갈 수 있는 마음 밭이라 생각합니다. 건강 습관을 잘 만들어 가족 전체가 건강하고 행복하게 살아가게 되시기를 진심으로 기도드리며 글을 마칩니다.

아이들의 몸을 망치는 잘못된 다이어트, 건강하게 살을 빼자!

정상 체중임에도 스스로 뚱뚱하다고 인식하고 있는 아이들

청소년뿐 아니라 유·초등학생들은 요즘 SNS, TV 및 유튜브 등 대중 매체의 영향을 가장 많이 받는 세대입니다. 특히 아이돌 그룹의 영향으로 마른 체형이 더 이쁘고 정상이라는 그릇된 인식이 자리 잡고 있어 사회적으로 문제가 되고 있습니다. 잘못된 인식으로 많은 어린이 및 청소년들이 정상 체중임에도 '뚱뚱하다'고 생각하는 아이들이 기하급수적으로 늘고 있다고 합니다.

> 청소년건강행태 조사 결과, 10여 년 전인 2011년에는 10명 중 4명 정도가 실제 체중이 정상 체중임에도 자신이 뚱뚱

하다고 인식하고 있다고 보고되었는데(오두남 등, 2013), 2019년 조사에서는 정상 체중임에도 스스로 뚱뚱하다고 인식하고 있는 청소년이 10명 중 6명 이상으로 크게 증가했습니다. 특히 정상 체중임에도 스스로 뚱뚱하다고 인식하는 비율은 여학생이 69.1%로, 남학생 66.2%으로, 남녀를 불문하고 우리나라 청소년의 자기 신체에 대한 이미지 왜곡이 매우 심각한 상태임을 나타냈습니다(윤병준, 2022).

성장기는 주위의 시선에 가장 민감한 나이입니다. 자기 신체에 대한 이미지 왜곡 때문에 건강을 해치는 잘못된 다이어트를 하는 학생들이 크게 증가하고 있습니다. 원푸드 다이어트 및 장기간 단식, 극도의 저탄수화물 다이어트 및 식욕을 줄이는 다이어트약 복용 등 대중 매체의 정보를 통해 무분별하게 다이어트를 시도하고 있습니다. **청소년들의 잘못된 다이어트의 공통점은 극도의 저열량 다이어트라는 점입니다.** 극도의 저열량 다이어트는 단기간의 급속한 체중감량은 가능하지만, 지방뿐 아니라 체수분 및 근육량도 빠지는 것이 문제입니다. 이뿐 아니라 성장 부진, 섭식장애와 생리불순 등과 같은 많은 문제를 초래합니다. 성장하고 뛰어놀고 공부할 나이에 빈혈 및 무력감, 우울증으로 고생하는 학생들이 증가하고 있습니다.

초저열량의 과도하고 무분별한 다이어트를 행하는 아이들

초저열량 다이어트는 일시적으로 체형에 대한 만족감을 얻을 수 있으나, 이러한 식사 습관은 반드시 Yo-Yo• 현상이 찾아옵니다. 초저열량 다이어트는 장기적으로 신체에 반드시 문제가 생깁니다.

건강에 좋지 않은 초저열량 다이어트란 하루 어느 정도의 칼로리 섭취를 했을 경우를 이야기할까요?

예를 들어 성장기에 있는 12~14세의 경우 하루 800kcal 다이어트를 하면 이것은 초저열량 다이어트일까요? 어떤 학생은 간헐적 단식으로 하루 24시간 단식을 하고, 다음날 닭가슴살과 야채만으로 하루 500kcal 정도를 섭취하기도 합니다. 사과로만 식사를 하는 원푸드 다이어트의 경우, 하루에 사과 2개 정도를 섭취하며 이를 3일 정도 실시합니다. 사과 하나가 120~150kcal로 정도로 하루 섭취 칼로리가 많아도 300kcal를 넘지 않습니다. 그 이후에는 죽을 먹으며 저열량 식단으로 들어가고 또다시 원푸

• 요요 다이어팅(yo-yo dieting) 현상으로 불리며, 다이어트에서 식이요법을 통해 일시적으로 감량한 체중이 다시 돌아오는 것을 말함.

드 다이어트의 루틴으로 들어갑니다. 이런 식의 저열량 다이어트는 건강을 심각하게 훼손시킵니다. 저열량 다이어트가 왜 건강에 나쁜지를 이해하기 위해서 우선 기초대사량의 개념을 이해해야 합니다.

기초대사량이란 생물체가 생명을 유지하는 데 필요한 최소한의 에너지량을 말합니다. 우리 몸이 신체활동을 하지 않고 가만히 누워 있는 상태에서 눈을 뜨고 있을 때 몸에서 사용하는 최소한의 에너지량을 이야기합니다. 큰 범위에서는 심장박동, 호흡 및 체온유지 등을 이야기하며, 작은 범위로는 뇌에서 장기와 피부 및 모든 조직의 세포에서 일어나는 활동, 즉 영양소를 받아들여 에너지로 전환하고, 각종 호르몬을 만드는 등 대사활동을 수행하며, 끊임없이 세포 분열과 증식을 하는 부분을 말합니다. 급격한 성장을 하는 12~14세 경우, 남자 체중 50kg의 경우 하루 약 1500kcal, 여자 체중 47kg의 경우 약 1400kcal를 기초대사량으로 소비합니다. 평소에 에너지 섭취를 충분히 잘하고 있다면 가끔 단식을 해도 인체에 큰 문제를 발생시키기 않습니다. 오히려 과잉의 칼로리 섭취를 하는 사람이 간헐적으로 단식을 하면 몸 속에 노폐물을 제거하며 몸을 건강하게 하는 좋은 결과를 낳기도 하지요. 그러나 문제는 최근 성장기 학생들이 사용하는 다이어트들은 하루 평균 1000kcal 이하로 지속된다는 것이 제일 큰 문제입니다.

장기적인 저열량 다이어트는 아이들의 몸을 망친다

여자아이들의 경우 저열량 다이어트를 계속하다 보면 월경불순의 문제가 발생하게 됩니다. 기초대사량의 에너지조차 채워주지 못하기 때문에 몸속에서는 황체형성 호르몬과 난포 자극 호르몬을 만들어 주지 못하여 생리주기에 문제가 생기게 되지요. 급기야는 생리가 멈추는 일도 발생합니다. 장기적으로 몸에서 쓸 에너지가 부족하게 되면 인체 내에서는 비상사태가 벌어지고, 생명 유지에 필요한 심장박동 및 체온 유지와 같은 활동에 남은 에너지를 배분하며 집중하게 됩니다. 따라서 저열량 다이어트를 계속하다 보면 생리불순뿐 아니라 피부트러블이 생기며 위장의 기능이 극도록 약화됩니다. 피부재생 및 다양한 장기에 있는 세포에 영양분을 제대로 못 보내기 때문입니다.

제가 일본에 있는 동경대학교 의대에서 연구원으로 있던 시절에 재생의료센터에서 세포 배양을 하며 연구를 진행했었습니다. 세포를 배양할 때 산소를 공급하며 수십 가지의 세부 영양소가 골고루 들어 있는 최적의 배양액을 이틀에 한 번씩 넣어 주곤 했습니다. 그러나 너무나 많은 용기에 많은 세포들을 키우다 보면 배양액을 넣어 주는 것을 실수로 건너뛸 때가 있습니다. 그러면 여지없이 그 세포의 분화 및 증식에는 문제가 생기는 것을 관찰할 수 있습니다. 이렇듯 우리 몸의 모든 세포에 산소와 최적의 영양분을 매일매일 공급하는 것이 너무나 중요합니다. 다이어트로 인해 영양분이 부족하면 몸에서 선택적으로 피부와 다양한 조직에서 세포가 약해지며 괴사하기 시작합니다. 더욱더 큰 문제는 호르몬 체계에 혼란을 초래해 뇌의 식욕조절 호르몬에 이상이 생겨 거식증 또는 걸식증과 같은 섭식장애로 이어진다는 점입니다. 요즘 1일 800kcal 이하로 극심하게 열량을 제한하는 초저열량식을 많은 학생들이 사용하고 있다고 합니다. 단기간에 급속히 체중을 빼는 효과는 있을 수 있으나 의학적으로 심각한 문제가 초래될 수 있습니다. 그렇다면 건강하고 효과적인 다이어트 방법은 무엇일까요?

건강한 다이어트에 중강도 이상의 유산소운동은 필수

장기적으로 건강한 다이어트에 성공하기 위해서는 중강도 이상의 유산소 운동을 하루 30분 이상 1주에 3~5회를 실시하는 것을 우선적으로 시행해야 합니다. 이 책의 신체활동 부분에도 언급한 바와 같이, 중강도 이상의 유산소 운동을 하면 몸 안에 탄수화물, 지방, 단백질 대사 엔진의 효율이 좋아져 음식물을 잘 소화시키며 몸 안에서 에너지를 잘 만들어 내게 됩니다. 특히 지방대사의 효율이 좋아져 같은 신체활동을 해도 지방에너지를 우선적으로 쓰는 몸, 즉 살 빠지는 체질이 됩니다. 운동 없이 극도로 섭취 칼로리만 줄이는 다이어트는 근육의 양이 줄어들고 근육의 질이 나빠져 탄수화물, 지방, 단백질의 대사 엔진을 망가뜨리게 됩니다. 대사 엔진이 망가지면 인슐린 저항성이 생겨 더욱더 살이 찌는 체질로 바뀝니다. 지방대사 엔진의 효율이 떨어지면 지방을 태우지는 않고 지방 에너지를 쌓기 쉬운 몸으로 바뀌게 됩니다. 건강한 다이어트의 기본이자 중요한 부분은 운동 또는 활발한 신체활동임을 명심해야 합니다.

건강한 다이어트에 탄수화물 섭취는 필수다

그러나 식사량이 부족한 가운데 운동을 열심히 하면 오히려 독이 될 수 있습니다. 여자 아이돌 그룹의 경우, 강도 높은 연습량에도 불구하고 먹는 양이 너무나 적기 때문에 많은 연예인들이 섭식장애로 고통을 받는다는 기사를 쉽게 접할 수 있습니다. 기초대사량의 에너지조차 섭취를 못하는데, 연습량 또한 많기 때문에 몸 안의 피해는 더욱 가중되는 것이지요. 최근 기사를 보면 어떤 연예인은 많은 연습량에도 불구하고 마른 몸매를 유지하기 위해 적은 양의 방울토마토로 식사를 때운다고 합니다. 이러면 당연히 몸이 망가질 수밖에 없습니다. 우리 어른들이 아이들에게 병적인 마른 몸을 선호하지 않도록 가르쳐야 합니다.

피겨와 체조 선수들에게 스포츠선수 3징후Female Athletes triads라는 단어가 존재합니다. 이는 저체중을 유지해야 하는 선수들의 경우, 훈련량이 많음에도 불구하고 먹는 양이 적기 때문에 몸에서 3가지 징후, 즉 무월경, 섭식장애, 골다공증이 생기는 현상을 말합니다. 운동 등 하루에 필요한 에너지를 채우지 못하다 보니 몸속에서는 우선적으로 성 호르몬 분비를 저하시켜 무월경이 됩니다. 아기집을 만들고 배란기를 거쳐 다시 몸 밖으로 배출해

내는 생리주기에 많은 에너지가 소비되기에 몸은 선택적으로 이것부터 포기하게 됩니다. 다양한 호르몬 체계에 혼란이 오며 뇌에 영향을 미쳐 섭식장애가 오며 미세골절과 급기야는 골밀도가 병적으로 감소하는 골다공증마저 오게 됩니다. 이러한 현상들이 초저열량식을 반복하는 성장기 학생들에게 발생하고 있습니다. 먹는 양이 현저히 적은 아이들은 실제로 체육 시간에 공을 손에 맞았을 뿐인데 뼈가 골절해 버리는 경우도 있었습니다.

먹는 양이 적을 때 가장 문제가 되는 영양소는 탄수화물입니다. 탄수화물을 먹으면 살이 찐다는 인식이 생겨 다이어트할 때 탄수화물을 극도로 피하는 경우가 많습니다. SNS에서 단백질 위주의 식사를 해야 살이 빠진다는 이야기로 닭가슴살과 야채 위주의 식단을 하기도 합니다. 뇌는 오로지 포도당glucose만을 에너지원으로 씁니다. 뇌는 기초대사량의 20~25%의 에너지를 쓴다고 알려져 있습니다. 1400kcal의 기초대사량을 가진 학생이면 약 300kcal 정도를 뇌에서 탄수화물 에너지로 사용한다는 이야기입니다. 이뿐만이 아닙니다. 세포에서는 모든 대사활동을 하기 위해 저장된 탄수화물, 지방, 단백질을 이용하여 에너지원을 만들어 일을 합니다. 탄수화물 에너지는 몸의 움직임을 시작하는 초기 단계, 중강도 이상의 신체활동에 반드시 쓰이는 에너지원입니다. 지방, 단백질을 이용하여 에너지원을 만들고 있어도 탄수화물 에너지는 적은 양이라도 반드시 쓰이며, **문제는 탄수화물 에너지가 고갈이 되면 지방, 단백질 대사 엔진도 멈추게 된다는 사실입니다.** 탄수화물이 고갈되면 모든 엔진이 꺼지기 때문에 지방과 단백질에서 임시방편으로 포도당을 만들어 내기는 하지만 그 양은 많지 않아 오래가지를 못합니다.

저장된 탄수화물 에너지(글리코겐)은 몸에 1kg도 채 되지 않습니다. **기초대사량에 사용되는 에너지 중 탄수화물은 최소 40%가 사용됩니다.** 1400kcal가 기초대사량이면 500~600kcal를 탄수화물 에너지로 사용하게 되지요. 기초대사량 이외에 소화에 필요한 에너지와 신체활동에 필요한 에너지에 탄수화물은 최소 300kcal로 산정할 수 있습니다. 즉 12~14세의 여학생의 경우 (평균 체중 47kg)의 경우 **하루 2000kcal를 소비한다고 가정했을 때, 하루 최소 필요한 탄수화물 에너지는 800kcal로 정도가 됩니다.** 에너지원을 가진 탄수화물, 지방, 단백질의 3가지 영양소를 하루 2000kcal 섭취한다고 했을 때, 그중 탄수화물을 최소 800kcal, 즉 하루 섭취 에너지의 40% 이상을 섭취해야 하는 것입니다. 실제로 한국인 영양소 섭취 기준에서는 하루 탄수화물 섭취 권고량을 55~65%로 권고하고 있습니다.

아래 음식 섭취 피라미드를 보시면 제일 밑에 칸에 곡물, 즉 주된 에너지원이 탄수화물입니다. 하루 에너지원에 많은 양을 탄수화물로 채워야 합니다. 다음으로 많이 섭취해야 할 음식은 과일과 야채입니다. 과일은 과당이 포함되어 있어 탄수화물이 주된 에너지원입니다. 피라미드에서 야채와 과일이 밑에서부터 두 번째 칸에 위치하며, 그 윗 칸의 반 정도 부분이 어류 및 육류 단백질 섭취 부분입니다. 자, 여기서 고민이 생기지요. 탄수화물을 먹으면 살이 찐다고 하는데 여기서는 탄수화물을 잘 섭취하라고 하니까요. 탄수화물을 과잉으로 섭취하면 인슐린 분비가 많이 되어 물론 살이 찝니다. 그럼 탄수화물을 어느 정도 어떻게

어느 타이밍에 섭취하면 좋을까요? 어떤 식사 섭취 루틴으로 가져가면 Yo-Yo도 없이 건강하게 살을 뺄 수 있을까요?

Yo-Yo가 오지 않는 건강한 다이어트 비결

우선 다이어트 기본은 패스트푸드, 가공식품의 고열량 음식, 즉 고지방, 고설탕 음식을 멀리하는 것입니다. 이 책에서도 설명한 바와 같이 고열량의 가공식품들은 식욕조절 호르몬 체계를 혼란시키게 됩니다. 그 결과 빨리 먹고 많이 먹게 되지요. 이러한 음식들을 야식으로 먹으면 수면의 질이 떨어져 더욱더 비만 체질로 바뀌게 되는 것을 앞에서도 설명드렸습니다. **살을 건강하게 빼기 위해서는 섭취 타이밍이 중요합니다.** 기본은 낮에 먹고 저녁에는 쉬는 것입니다. 사정상 저녁에 먹어야 하면 평소보다 반 정도 분량으로 적게 먹되, 저녁 식사 후 다음날 아침식사까지 최소 12시간 동안은 공복 시간, 즉 음식 섭취를 안 하는 것이 제일 좋습니다.

자는 동안과 오전 12시 전까지는 몸에서 생긴 노폐물을 배출하는 시간입니다. 따라서 아침에는 배출을 도와주고 탄수화물 에너지를 공급할 수 있는 과일 섭취가 최고로 좋습니다. 아침 사과는 금사과라고 합니다. 과일을 먹으면 살찐다고 안 먹는데 그 이유는 밥을 한참 많이 먹고 바로 디저트로 먹기 때문입니다. 식사로 많은 칼로리를 섭취한 상태에서 과당이 함유된 과일을 먹으니 지방을 합성하는 인슐린이 과도하게 분비되기 때문이지요. 과일의 수분과 비타민, 미네랄, 효소 그리고 각 과일이 가지고 있는 생리활성 물질은 노폐물을 배출하며 소화를 도와주고 살을 빼는 데 최고의 음식입니다. 점심과 저녁을 먹을 때도 흰쌀밥에 육류 고기가 메인이 되어서는 안됩니다. 식사의 주된 메인 음식은 곡물과 야채이며 약간의 단백질입니다. 세 끼를 곡물, 야채, 과일 위주의 식사로 하면 부족하기 쉬운 비타민과 미네랄을 가득 채울 수 있습니다.

저열량 다이어트의 문제점은 먹는 양이 부족하다 보니 탄수화물뿐 아니라 비타민과 미네랄이 부족해 진다는 점입니다. 비타민과 미네랄이 부족하게 되면 모든 신경, 면역, 대사활동 등에 문제가 생깁니다. 또한 노폐물을 제거하고 배출하는 데에 비타민과 미네랄이 필수 요소입니다. 왜 살이 찔까요? 설탕과 식품첨가물이 가득한 가공식품을 먹고, 필요 이상으로 기름진 음식, 즉 지방과 단백질을 과도하게 먹을 때 인간의 몸에는 노폐물, 즉 독소가 가득하게 됩니다. 이 노폐물을 하루하루 잘 배출해 내지 못하기에 지방으로 쌓아 놓게 됩니다. 노폐물은 인체에 치명적이기에 몸은 어떻게 해서든지 노폐물을 지방 구석구석에 쌓아 놓게 됩니다. 신장 투석하시는 분들이 투석을 안 하면 바로 생명에 지장이 옵니다. 노폐물을 신장을 통해서 배출하지 못하기 때문입니다. 노폐물이 혈중에 떠돌아다니면 염증물질이 가득한 몸이 되어 질병을 초래하게 됩니다. 다이어트의 기본은 나쁜 음식은 줄이고, 곡물, 야채와 과일의 좋은 음식으로 세 끼를 잘 채워주는 것입니다. 이 루틴만 지키면 피부는 투명해지고 반드시 건강하게 살이 빠지며 Yo-Yo 현상이 절대 찾아오지 않습니다.

단백질의 과잉 섭취를 주의하라

곡물과 야채, 과일 위주로 해서 약간의 어류, 육류 및 식물성 단백질을 섭취하는 것이 건강한 다이어트의 비결입니다. 장기간의 다이어트에 실패하는 이유는 닭가슴살과 야채 위주의 식단과 같은 탄수화물이 배제된 다이어트 식단이 대부분이기 때문입니다. 하루 단백질 섭취량은 체중당 0.8g에서 1.0g 사이입니다. 단백질 섭취량 체중당 평균 0.8g으로 가정했을 때, 47kg의 여학생의 경우, 하루 섭취해야 할 단백질 양은 약 38g 정도입니다. 식물성 단백질은 콩과 식물, 견과류, 곡물, 과일에서 얻을 수 있는데, 곡물, 야채와 과일 위주의 식단만으로 하루 필요한 단백질의 50%는 충분히 섭취할 수 있습니다. 나머지 50%는 어류, 육류 및 유제품에서 단백질을 섭취하게 됩니다. 위 47kg의 여학생의 경우, 하루 섭취해야 할 단백질 양이 약 총 38g이라면, 어류 및 육류 등으로 나머지 50%, 즉 20g 정도만 섭취하면 충분합니다. 20g의 단백질은 닭가슴살 손바닥 크기(100g: 단백질 함량은 약 25~30g) 하나를 채 먹지 않아도 채워지는 양입니다. 요즘 다이어트는 단백질을 과잉으로 섭취하는 것이 문제입니다. 탄수화물은 적게 먹는데 단백질을 체중 당 2g 이상으로 먹는 경우도 많으며, 필자가 이전 영양조사를 했을 때 단백질을 체중 당 4g 이상 먹는 경우도 있었습니다.

단백질이 면역에 좋고 다이어트에 좋다는 인식으로 육류 위주의 식단에, 단백질 음료, 단백질 서플리멘트 가루를 섭취하는 경우가 많습니다. 단백질의 과잉 섭취가 장기적으로 지속될 경우 세 가지 질환에 노출될 위험성이 존재합니다. 먼저 변비를 유발하게 되며 신장 질환을 야기시킵니다. 또한 단백질의 과잉 섭취는 골다공증을 유발하는 요소입니다. 따라서 성장기에 과도한 다이어트로 섭취 에너지도 부족한데, 섭취 에너지 중 탄수화물이 부족하고 상대적으로 단백질이 높은 경우 몸의 항상성이 깨지는 결과를 초래하게 됩니다.

극도의 저탄고지 다이어트, 즉 저탄수화물과 고지방 음식이 살이 빠진다 하여 밥은 먹지 않고 삼겹살에 버터를 올려 먹는 다이어트가 유행한 적이 있었습니다. 맛있는 삼겹살을 먹으며 살을 뺀다 하니 무작정 다이어트를 시도하다 몸을 망치게 됩니다. 탄수화물이 극도로 부족할 경우 몸에서는 스트레스 호르몬인 코르티솔이 과도하게 분비해 근육마저 분해시키게 됩니다. 살은 빠지나 몸의 호르몬, 면역 체계가 망가지며 대사에 중요한 근육량도 줄어들며 약해지게 되는 것이지요. 나쁜 가공식품, 패스트푸드는 줄이고, 곡물, 야채와 과일 위주의 식단으로 몸을 채워나가다 보면 반드시 건강하게 살이 빠지며 Yo-Yo 현상이 오지 않게 됩니다.

〈반드시 살이 빠지는 건강한 다이어트 루틴〉

음식의 양	1. 초저열량, 저탄수화물 다이어트 방법은 절대 사용하지 않기 2. 과식하지 않기. 먹고 졸리지 않고 피곤치 않을 정도의 식사량을 유지하기(위의 80% 정도만 채우기) 3. 곡물과 야채 위주의 식단과 약간의 단백질을 기본으로 하여 한 번에 섭취하는 칼로리를 높지 않게 유지하기
음식의 질	1. 아침 식사는 노폐물 배출을 도와주며 탄수화물 에너지를 공급하는 과일과 야채 위주의 가벼운 식단으로 바꾸기(과일은 아침 혹은 공복 시에 섭취하는 것이 도움) 2. 흰쌀, 흰밀가루, 흰설탕의 단순탄수화물에서 비타민과 미네랄이 풍부한 고구마, 감자, 곡물, 과일 등의 복합탄수화물로 바꿔 주기 3. 과도한 육류 섭취를 줄이고 어류 혹은 식물성 단백질 섭취를 늘리기
음식섭취의 타이밍	1. 낮에 먹고 밤에는 쉬는 패턴을 유지하기 2. 저녁식사가 늦어질 때는 열량이 낮으며 소화가 빠른 곡물과 야채 위주로 먹기(단백질과 지방은 소화 흡수에 5시간 이상이 소요) 3. 저녁 식사 후 다음날 아침식사까지 최소 12시간 간격을 두기. 저녁식사가 이르면 이를수록 다음날 아침식사와의 간격시간을 길게 가져갈 수 있어 지방 연소에 도움(저녁식사 후 최대한 공복시간을 길게 가져가는 것이 지방연소에 효과적)

참고 문헌

- 교육부, 질병관리청 청소년건강행태조사(2022년), 2022.
  (https://www.moe.go.kr)
- 주간 건강과 질병.「청소년의 신체활동률 추이」, 제14권, 18호, 2021.
- 말콤 그래드웰, 〈아웃라이어〉, 김영사, 2019.
- 양지호, '세계에서 가장 안 움직이는 한국 학생', 조선일보, 2019.
  (https://www.chosun.com/site/data/html_dir/2019/01/01/2019010100125.html)
- MBC 뉴스, '미래가 더 암담한 '자살 1위'…청소년 우울증 급증', 2022.
  (https://imnews.imbc.com/news/2022/society/article/6411985_35673.html)
- 안데르스 한센, 〈뇌는 달리고 싶다〉, 반니, 2019.
- 안병수, 〈내 아이를 해치는 맛있는 유혹 트랜스지방〉, 국일미디어, 2008.
- 안병수, 〈과자, 내 아이를 해치는 달콤한 유혹〉, 국일미디어, 2010.
- IT 동아일보, '사용자 60% "스마트폰 없으면 불안하다", 스마트폰 의존도 상승', 2019년 7월 3일 보도(https://it.donga.com/29216/)
- 오두남·김은만·김선호, 한국 청소년의 체중조절행동 영향요인, 한국콘텐츠학회논문지, 13(3), 218-228, 2013.
- 오자와 히로시, 〈식원성증후군〉, 브레인출판사, 1995. (일본어판)
- 와타나베 유지, 〈먹으면 안 되는 10대 식품첨가물 - 우리가 먹는 수많은 음식 속에 각종 질병을 유발하는 '이물질'이 들어 있다?!〉, 싸이프레스, 2014.
- 유영만·김예림, 〈부자의 1원칙, 몸에 투자하라〉, 블랙피쉬, 2021.
- 윤병준, 우리나라 청소년의 신체이미지 인식 및 체중조절행위의 영향 요인, 대한보건연구, 48(3), 55-68, 2022.
- 이영미, 〈마녀체력 - 마흔, 여자가 체력을 키워야 할 때〉, 남해의봄날, 2018.

• 일본 학연교육종합연구소, 일본 초등학생 백서 WEB판, 2022. (https://bsc-int.co.jp/media/884/)
• 조남한, 「우리나라 당뇨병 유병률과 관리 상태」, 대한내과학회지, 제68권 제1호, 2005.
• 존 레이티·에릭 헤이거먼, 〈운동화 신은 뇌〉, 북섬/녹색지팡이&프레스, 2012.
• 한국청소년정책연구원 보도자료, 2020.(https://www.nypi.re.kr)
• 한진규, 〈4~7세, 수면을 잘해야 아이가 알아서 공부합니다〉. (주)앵글북스, 2022.
• 小薮浩二郎, コンビニ&スーパーの食品添加物は死も招く, 笑がお書房株式会社, 2022.(편의점과 슈퍼마켓의 식품첨가물은 죽음을 부른다, 코바시코지로)
• 文部科学省委託事業, 子どもの発達段階に応じた体力向上プログラムの普及啓発, 2010.(일본 문부과학성위탁사업, 어린이 발달 단계에 따른 체력 향상 프로그램 보급 및 개발)(https://www.japan-sports.or.jp/Portals/0/data0/publish/pdf/h26guidebook_04.pdf)
• Alexander Schauss, Diet, Crime and Delinquency, Parker House, 1981.
• Alexis M. Stranahan, Mark P. Mattson. Impact of Energy Intake and Expenditure on Neuronal Plasticity. Neuromolecular Med. Neuromolecular 10(4): 209–218, 2008.
• Barlaan DR, Pangelinan BA, Johns A, Schweikhard A, Cromer LD. Middle school start times and young adolescent sleep, behavioral health, and academic performance outcomes: a narrative review. J Clin Sleep Med. 18(11):2681-2694, 2022.
• Bohr T, Hjorth PG, Holst SC, Hrabětová S, Kiviniemi V, Lilius T, Lundgaard I, Mardal KA, Martens EA, Mori Y, Nägerl UV, Nicholson C, Tannenbaum A, Thomas JH, Tithof J, Benveniste H, Iliff JJ, Kelley DH, Nedergaard M. The glymphatic system: Current understanding and modeling. iScience. 25(9):104987, 2022.
• Campaniello D, Corbo MR, Sinigaglia M, Speranza B, Racioppo A, Altieri C, Bevilacqua A. How Diet and Physical Activity Modulate Gut Microbiota:

Evidence, and Perspectives. Nutrients. 14;14(12):2456, 2022.

- Camuso S, La Rosa P, Fiorenza MT, Canterini S. Pleiotropic effects of BDNF on the cerebellum and hippocampus: Implications for neurodevelopmental disorders. Neurobiol Dis. 163:105606, 2022.
- Chassaing B, Koren O, Goodrich JK, Poole AC, Srinivasan S, Ley RE, et al. Dietary emulsifiers impact the mouse gut microbiota promoting colitis and metabolic syndrome. Nature. 519:92–6, 2015.
- Dietary emulsifiers directly alter human microbiota composition and gene expression ex vivo potentiating intestinal inflammation. Chassaing B, Van de Wiele T, De Bodt J, Marzorati M, Gewirtz AT. Gut. 66(8):1414-1427, 2017.
- Chen N, Li Q, Liu J, Jia S. Irisin, an exercise-induced myokine as a metabolic regulator: an updated narrative review. Diabetes Metab Res Rev. 32(1):51-9, 2016.
- C'iana Cooper, Hyo Youl Moon, Henriette van Praag. On the Run for Hippocampal Plasticity. Cold Spring Harb Perspect Med. 8(4): a029736, 2018.
- Comsa M, Anderson KN, Sharma A, Yadav VC, Watson S. The relationship between sleep and depression and bipolar disorder in children and young people. BJPsych Open. 8(1):e27, 2022.
- de Greeff JW, Bosker RJ, Oosterlaan J, Visscher C, Hartman E. Effects of physical activity on executive functions, attention and academic performance in preadolescent children: a meta-analysis. J Sci Med Sport. 21(5):501-507, 2018.
- de Vos WM, Tilg H, Van Hul M, Cani PD. Gut microbiome and health: mechanistic insights. Gut. 71(5):1020-1032, 2022.
- Di Liegro CM, Schiera G, Proia P, Di Liegro I. Physical Activity and Brain Health. Genes (Basel). 17;10(9):720, 2019.
- Kang S, Park MJ, Kim JM, Yuk JS, Kim SH. Ongoing increasing trends in central precocious puberty incidence among Korean boys and girls from 2008 to 2020. PLoS One. 18(3):e0283510, 2023.
- Freedman DS, Mei Z, Srinivasan SR, Berenson GS, Dietz WH. Cardiovascular risk factors and excess adiposity among overweight children and adolescents: the Bogalusa Heart Study. J Pediatr. 2007 Jan;150(1):12-17.e2

- Gomaa EZ. Human gut microbiota/microbiome in health and diseases: a review. Antonie Van Leeuwenhoek. 2020 Dec;113(12):2019-2040.
- Gomes da Silva S, Arida RM. Physical activity and brain development. Expert Rev Neurother. 15(9):1041-51, 2015.
- Haganes KL, Silva CP, Eyjólfsdóttir SK, Steen S, Grindberg M, Lydersen S, Hawley JA, Moholdt T. Time-restricted eating and exercise training improve HbA1c and body composition in women with overweight/obesity: A randomized controlled trial.
  Cell Metab. 34(10):1457-1471.e4, 2022.
- Hvolby A. Associations of sleep disturbance with ADHD: implications for treatment.
  Atten Defic Hyperact Disord. 7(1):1-18, 2015.
- Iliff JJ, Wang M, Liao Y, Plogg BA, Peng W, Gundersen GA, et al. A paravascular pathway facilitates csf flow through the brain parenchyma and the clearance of interstitial solutes, including amyloid beta. Science translational medicine. 4:147ra111, 2012.
- Iliff JJ, Nedergaard M. Is there a cerebral lymphatic system? Stroke. 44(6 Suppl 1):S93-5, 2013.
- Jacob W. Pickersgill, Claudia V. Turco, Karishma Ramdeo, Ravjot S. Rehsi, Stevie D. Foglia, Aimee J. Nelson. The Combined Influences of Exercise, Diet and Sleep on Neuroplasticity. Front Psychol. 13: 831819, 2022.
- Joseph E. Donnelly, Charles H. Hillman, Darla Castelli, Jennifer L. Etnier, Sarah Lee, Phillip Tomporowski, Kate Lambourne, Amanda N. Szabo-Reed. Physical Activity, Fitness, Cognitive Function, and Academic Achievement in Children: A Systematic Review. Med Sci Sports Exerc. 8(6): 1197–1222, 2016.
- Lee KS, Kim JI, Choi YJ, Cho J, Lim YH, Kim BN, Shin CH, Lee YA, Hong YC. Association Between Sleep Duration and Intelligence Quotient in 6-Year-Old Children. Int J Behav Med. 29(1):57-68, 2022.
- Llaha F, Gil-Lespinard M, Unal P, de Villasante I, Castañeda J, Zamora-Ros R. Consumption of Sweet Beverages and Cancer Risk. A Systematic Review and Meta-Analysis of Observational Studies. Nutrients. 2021 Feb 4;13(2):516.

- Lövdén M, Fratiglioni L, Glymour MM, Lindenberger U, Tucker-Drob EM. Education and Cognitive Functioning Across the Life Span. Psychol Sci Public Interest. 21(1):6-41, 2020.
- Matheus Santos de Sousa Fernandes, Tayrine Figueira Ordônio, Gabriela Carvalho Jurema Santos, Lucas Eduardo R. Santos, Camila Tenório Calazans, Dayane Aparecida Gomes, Tony Meireles Santos. Effects of Physical Exercise on Neuroplasticity and Brain Function: A Systematic Review in Human and Animal Studies. Neural Plast. 2020: 8856621, 2020.
- Mavanji V, Pomonis B, Kotz CM. Orexin, serotonin, and energy balance. WIREs Mech Dis. 14(1):e1536, 2022.
- Sambu S, Hemaram U, Murugan R, Alsofi AA. Toxicological and Teratogenic Effect of Various Food Additives: An Updated Review. Biomed Res Int. 6829409. 2022.
- Severinsen MCK, Pedersen BK. Muscle-Organ Crosstalk: The Emerging Roles of Myokines. Endocr Rev. 41(4):594-609, 2020.
- Singh RK, Chang HW, Yan D, Lee KM, Ucmak D, Wong K, Abrouk M, Farahnik B, Nakamura M, Zhu TH, Bhutani T, Liao W. Influence of diet on the gut microbiome and implications for human health. J Transl Med. 8;15(1):73, 2017.
- Short MA, Chee MWL. Adolescent sleep restriction effects on cognition and mood. Prog Brain Res. 246:55-71, 2019.
- Phillips AJK, Clerx WM, O'Brien CS, Sano A, Barger LK, Picard RW, Lockley SW, Klerman EB, Czeisler CA. Irregular sleep/wake patterns are associated with poorer academic performance and delayed circadian and sleep/wake timing. Sci Rep. 7(1):3216, 2017.
- Ruth Winter, Food Additives, Three Rivers Press, 1999.
- Suardiaz-Muro M, Morante-Ruiz M, Ortega-Moreno M, Ruiz MA, Martín-Plasencia P, Vela-Bueno A. Sleep and academic performance in university students: a systematic review. Rev Neurol. ;71(2):43-53, 2020.
- Sutton, E.F., Beyl, R., Early, K.S., Cefalu, W.T., Ravussin, E., and Peterson, C.M. Early time-restricted feeding improves insulin sensitivity, blood pressure,

and oxidative stress even without weight loss in men with prediabetes. Cell Metab. 27, 1212–1221.e3, 2018.

- Thomas RJ, Kenfield SA, Jimenez A. Exercise-induced biochemical changes and their potential influence on cancer: a scientific review. Br J Sports Med. 51(8):640-644, 2017.
- Thompson DR, Obarzanek E, Franko DL, Barton BA, Morrison J, Biro FM, Daniels SR, Striegel-Moore RH. Childhood overweight and cardiovascular disease risk factors: the National Heart, Lung, and Blood Institute Growth and Health Study. J Pediatr. 2007 Jan;150(1):18-25.
- Tudor-Locke C, Craig CL, Beets MW, Belton S, Cardon GM, Duncan S, Hatano Y, Lubans DR, Olds TS, Raustorp A, Rowe DA, Spence JC, Tanaka S, Blair SN. How many steps/day are enough? for children and adolescents. Int J Behav Nutr Phys Act. 28;8:78, 2011 a.
- Tudor-Locke C, Craig CL, Brown WJ, Clemes SA, De Cocker K, Giles-Corti B, Hatano Y, Inoue S, Matsudo SM, Mutrie N, Oppert JM, Rowe DA, Schmidt MD, Schofield GM, Spence JC, Teixeira PJ, Tully MA, Blair SN. How many steps/day are enough? For adults. Int J Behav Nutr Phys Act. 28;8:79, 2011 b.
- Tudor-Locke C, Craig CL, Aoyagi Y, Bell RC, Croteau KA, De Bourdeaudhuij I, Ewald B, Gardner AW, Hatano Y, Lutes LD, Matsudo SM, Ramirez-Marrero FA, Rogers LQ, Rowe DA, Schmidt MD, Tully MA, Blair SN. How many steps/day are enough? For older adults and special populations. Int J Behav Nutr Phys Act. 28;8:80, 2011 c.
- Vujović N, Piron MJ, Qian J, Chellappa SL, Nedeltcheva A, Barr D, Heng SW, Kerlin K, Srivastav S, Wang W, Shoji B, Garaulet M, Brady MJ, Scheer FAJL. Late isocaloric eating increases hunger, decreases energy expenditure, and modifies metabolic pathways in adults with overweight and obesity. Cell Metab. 34(10):1486-1498.e7, 2022.
- Wong NC. The 10,000-hour rule. Can Urol Assoc J. 2015 Sep-Oct;9(9-10):299.

잘 먹고, 잘 자고, 잘 놀면 돼!

초판 1쇄 인쇄 2023년 10월 27일
초판 1쇄 발행 2023년 11월 3일

지은이 박종훈

책임편집 권정현 **디자인** 박은진
마케팅 임동건 **마케팅지원** 안보라 **경영지원** 이지원
펴낸곳 파지트 **펴낸이** 최익성

출판등록 제2021-000049호
주소 경기도 화성시 동탄원천로 354-28 **전화** 070-7672-1001
이메일 pazit.book@gmail.com **인스타** @pazit.book

ISBN 979-11-7152-011-4 03370

• 책값은 뒤표지에 있습니다.